Gebäude

40 Ideen mit LEGO®-Steinen

Kevin Hall

Gebäude

40 Ideen mit LEGO®-Steinen

Bassermann

ISBN 978-3-8094-3846-5

2. Auflage 2022

Umschlaggestaltung: Atelier Versen, Bad Aibling

Fotos: Neal Grundy

Layout: Anna Gatt, Michelle Rowlandson

Projektkoordination dieser Ausgabe: Birte Dittmann

Übersetzung: Dr. Ulrike Kretschmer, München

Satz und Redaktion: Dr. Alex Klubertanz, Garmisch-Partenkirchen

Druck und Bindung: 1010 Printing International Ltd

Printed in China

Penguin Random House Verlagsgruppe FSC® N001967

Bauspaß mit LEGO-Gebäuden

Oft werde ich auf Veranstaltungen, auf denen ich meine LEGO®-Modelle präsentiere, gefragt, ob ich für meine Kreationen spezielle Steine verwende oder für bestimmte Modelle sogar eigens dafür vorgesehene Einzelteile angefertigt bekomme. Das ist nicht der Fall: Ich benutze ausschließlich Steine aus LEGO-Baukästen, die man in den einschlägigen Läden kaufen kann. Und genau das zeige ich in diesem Buch.

Alle vorgestellten Modelle basieren auf verschiedenen Gebäudetypen. Manche davon sind real, andere der Fantasie entsprungen. Besonders kam es mir dabei auf ausgefallene Farben und Formen an.

Im Großen und Ganzen braucht man dafür die Grundsteine aus den LEGO-Classic-Boxen, zu denen nicht nur die klassischen 2-x-4-Steine, sondern auch Schrägsteine, Platten, Fliesen (Steine mit glatter Oberfläche) und sogar winzige, farbenfrohe 1-x-1-Fliesen gehören. Für die feineren Details mancher Gebäude habe ich allerdings auch Teile aus anderen Boxen verwendet, etwa Friends oder Creator. Besonders vielseitig einsetzbar sind die 1-x-1-»Headlight«- oder Erling-Steine, die ihren Namen einerseits ihrem ersten Auftauchen als Scheinwerfer bei LEGO-Autos und andererseits ihrem Erfinder, dem LEGO-Designer Erling Dideriksen, verdanken. Sie eignen sich z. B. für winzige Fenster. Sogar Tierhörner tauchen auf, beispielsweise beim Schuhhaus.

Ich stelle mich gern der Herausforderung, die Teile zu verwenden, die ich gerade zur Hand habe. Fehlt beim Nachbauen also einer der hier aufgelisteten Steine, ist das auch kein Beinbruch: Mit etwas Kreativität können alle Modelle in diesem Buch auch mit den Steinen, die eben vorhanden sind, rekonstruiert werden. Bei LEGO gibt es kein Richtig oder Falsch – die Hauptsache ist der Spaß beim Bauen!

Kevin Hall, Brick Galleria Ltd

Inhalt

Blockhaus 6
Inselfestung 8
Wolkenhaus 10
Torhaus 13
Unterwasserhaus 16
Baumhöhle 18
Klippenvilla 20
Fliegendes Haus 23
Königspalast 26
Hausboot 28
Feenhaus 30
Lebkuchenhaus 33
Miniburg 36
Haus am See 38
Wohnmobil 40
Hoher Turm 42
Zaubermühle 45
Observatorium 48
Iglu 50
Schuhhaus 52
Pfahlhaus 54
Alter Schuppen 57
Rundhaus 60
Schatzturm 62
Kunterbunter Wagen 64
Trollhöhle 66
Leuchtturm 68
Riesen-Eihaus 70
Drachenhöhle 72
Bergfestung 74
Palmen-Versteck 76
Glashaus 78
Pilzhaus 80
Riesenmuschel 82
Kürbishaus 84
Vulkanhaus 86
Windmühle 88
Baumhaus 90
Erdhaus 92
Eispalast 94
Über die Autoren 96

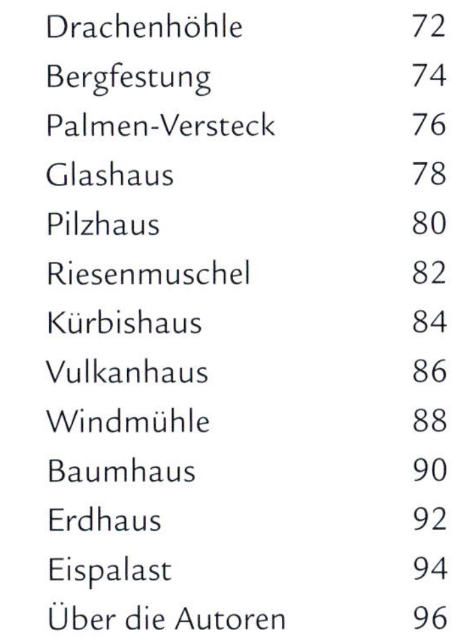

Blockhaus

Wenn man im Wald lebt, ist es überaus sinnvoll, sich ein Haus aus Holz zu bauen – schließlich steht dieses Baumaterial dort beinahe grenzenlos zur Verfügung. Außerdem haben Blockhäuser ihren ganz eigenen Charme. Soll der LEGO®-Wald noch höhere Bäume haben, können einfach weitere Schrägsteine aufeinandergesetzt werden. Die winzige Blockhaustür besteht aus einer vertikal platzierten Fliese.

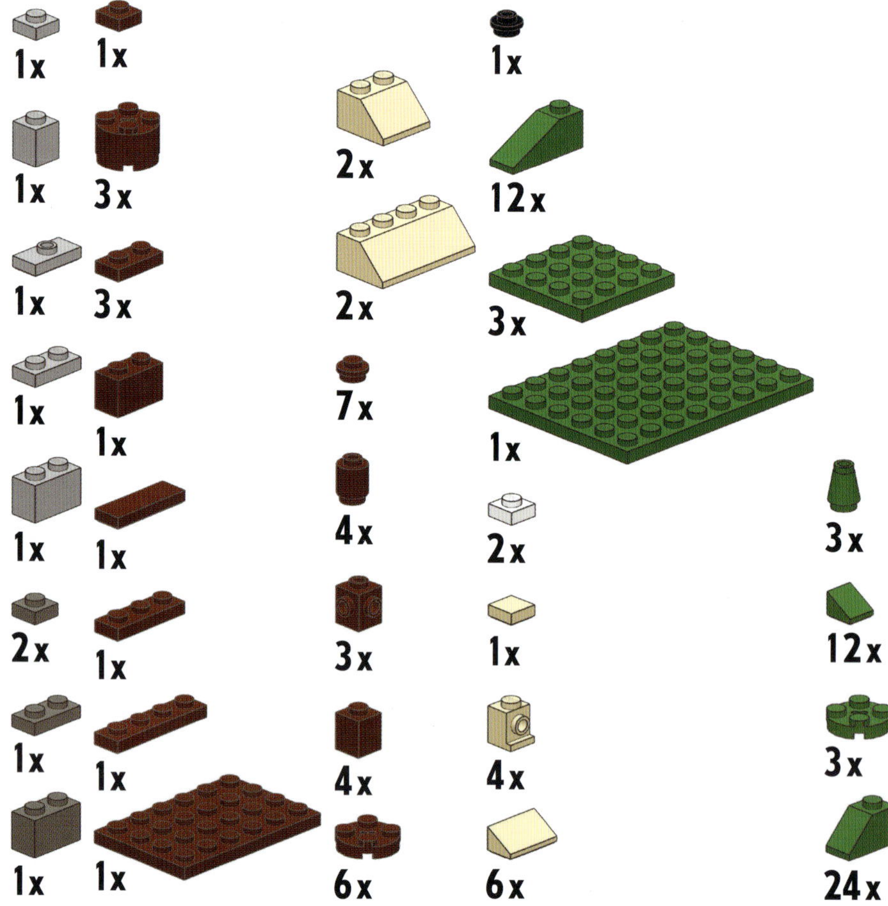

Blockhaus

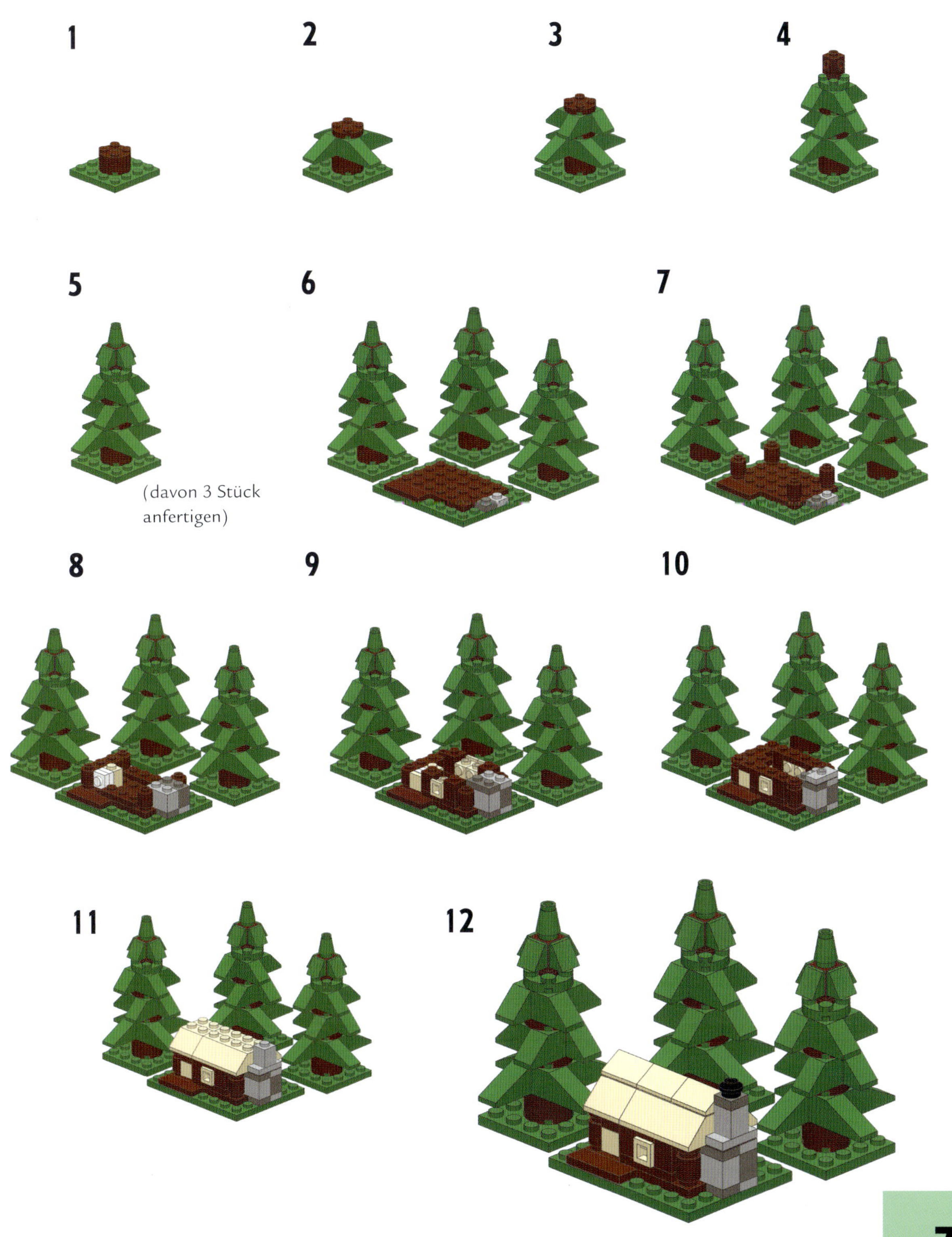

Insel-festung

Jede Insel braucht eine Festung, damit sich ihre Bewohner geschützt fühlen. Früher errichtete man Küstenfestungen, um Schiffswege zu sichern und eventuelle Angriffe von Seeseite abzuwehren. Die Kanonen bestehen aus Teleskopen einer Minifigurenbox, die an einer 1-x-1-Platte mit Clip befestigt sind. Für die Turmdächer wurden umgedrehte Radarschüsseln und Kegelsteine verwendet.

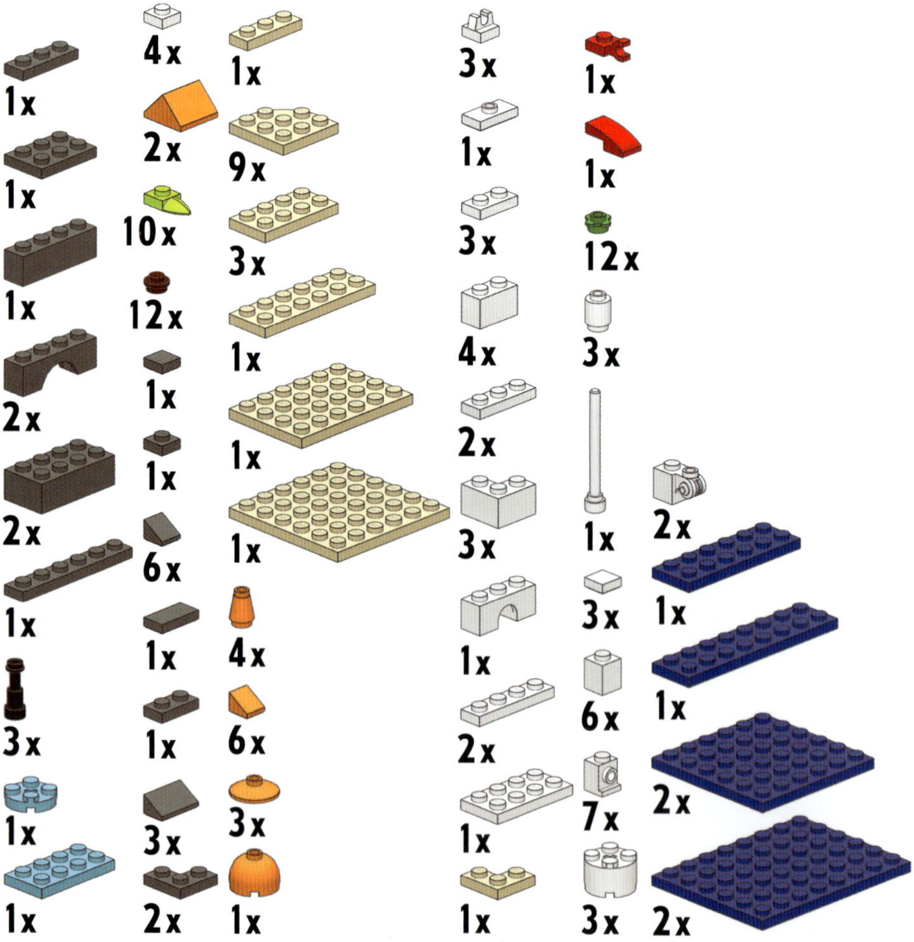

1x
1x
1x
2x
2x
1x
3x
1x
1x

4x
2x
10x
12x
1x
1x
6x
1x
1x
3x
2x

1x
9x
3x
1x
1x
1x
4x
6x
3x
1x

3x
1x
3x
4x
2x
3x
1x
2x
1x
1x

1x
1x
12x
3x
1x
3x
6x
7x
3x

2x
1x
1x
2x
2x

Inselfestung

1

2

3

4

5

6

7

8

9

10

11

12

Wolkenhaus

Wer hat nicht schon einmal davon geträumt, in einem Haus in den Wolken zu wohnen? Sich einfach durch den Himmel treiben zu lassen, mit den Vögeln zu plaudern und die Menschen unten zu beobachten, die ihr Leben auf der Erde leben müssen. Für den einzigartig »luftigen« Look unseres Wolkenhauses wurden verschiedene Bogensteine verwendet. Ein Tipp für das Fenster: Platziere vier seitlich gedrehte 1-x-1-Steine zu einer Gruppe.

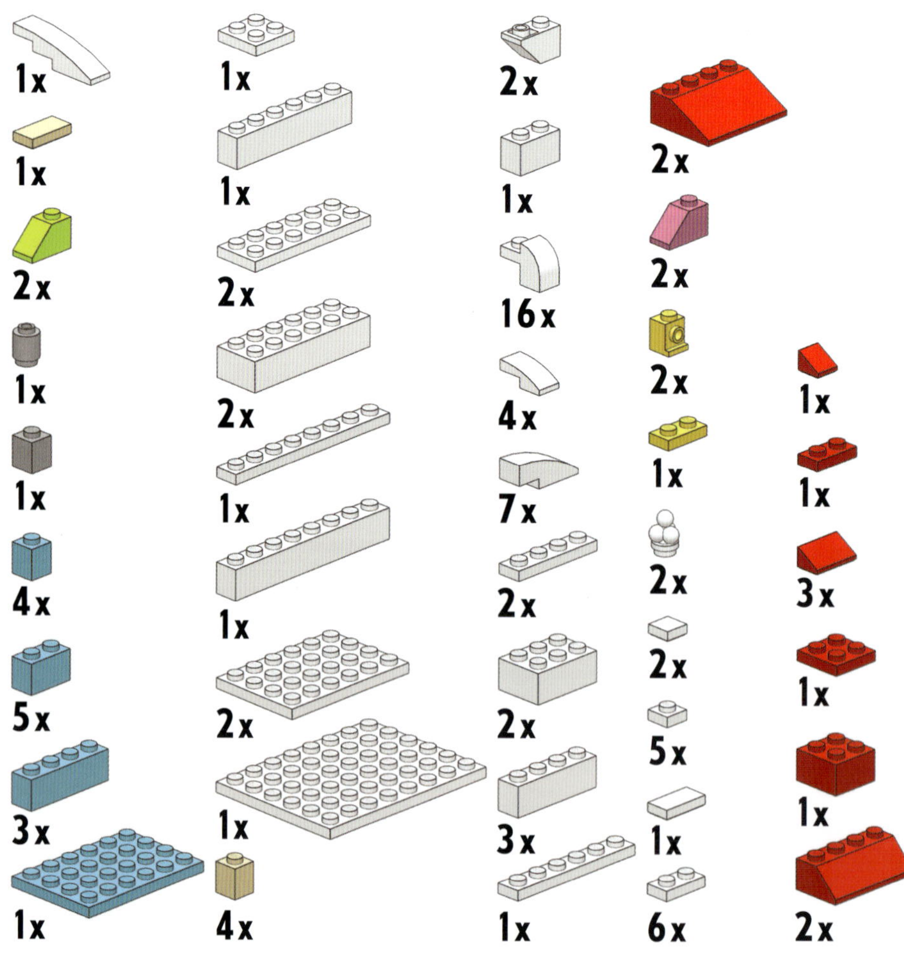

Wolkenhaus

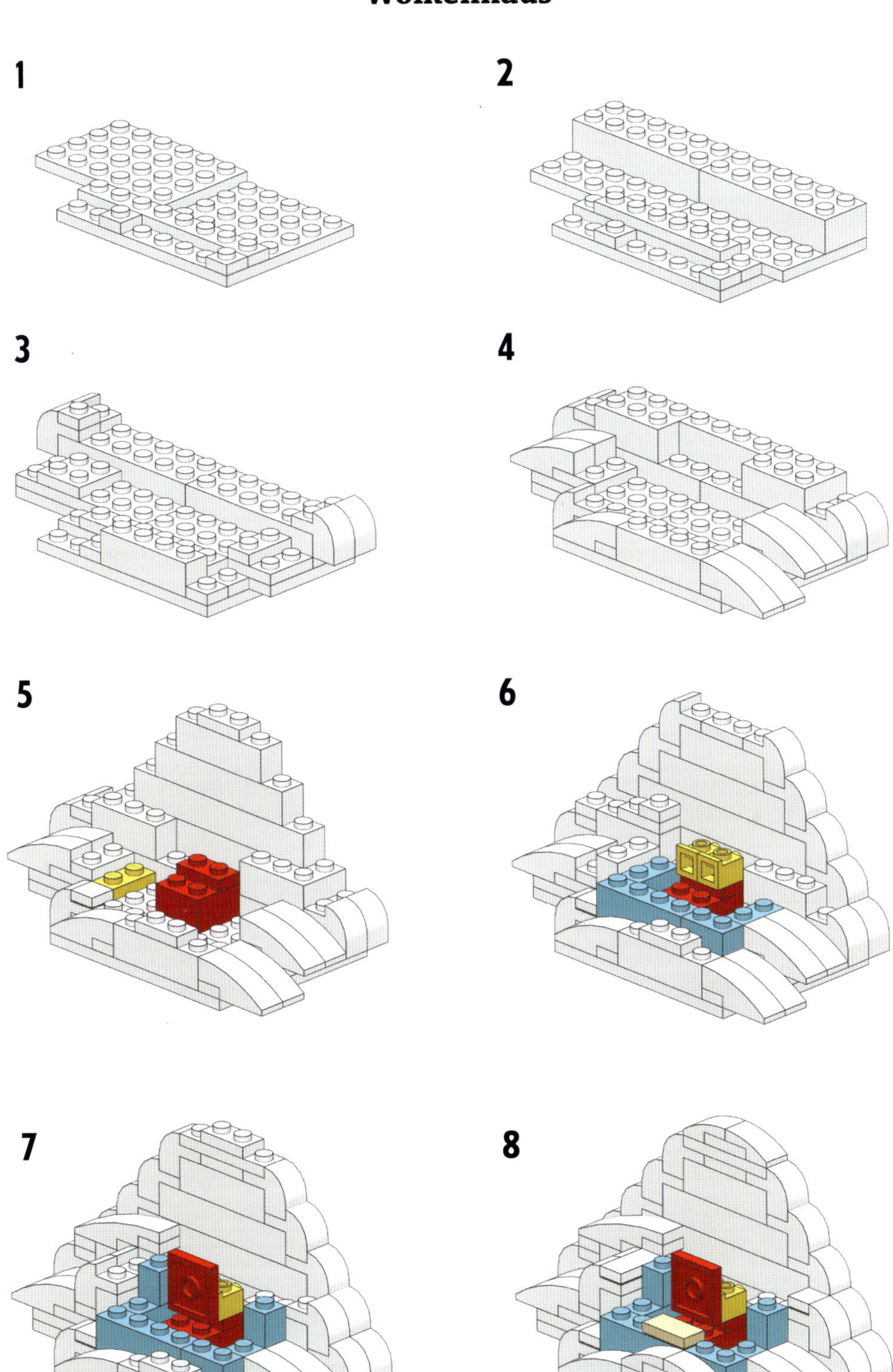

Wolkenhaus

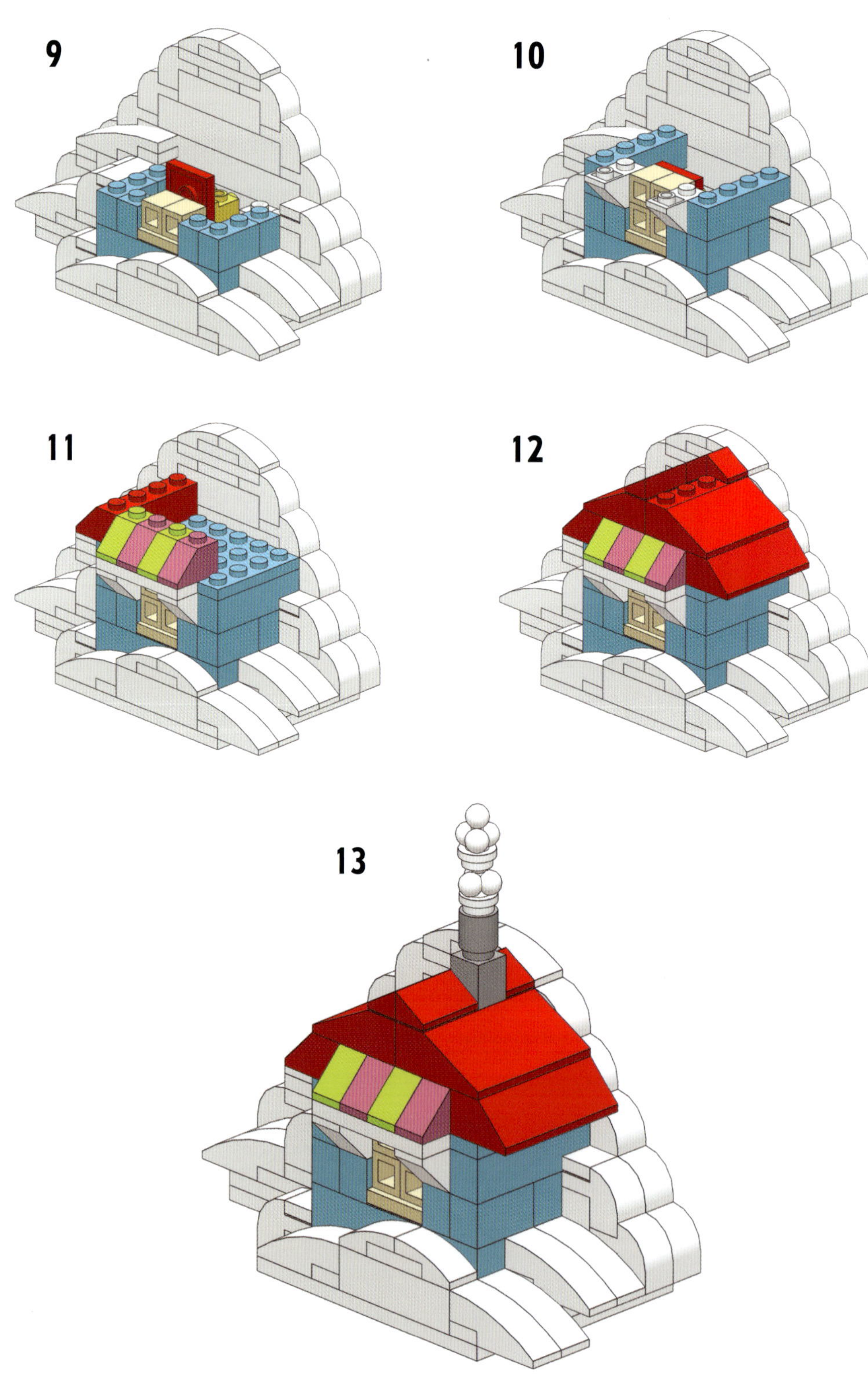

Torhaus

Torhäuser errichtete man auf dem Anwesen vieler großer Villen und Schlösser. In diesen Häusern wohnte ein Pförtner oder Wächter, der kontrollierte, wer das Grundstück betrat oder verließ. Die Schießscharten zu beiden Seiten der Tür bestehen aus seitlich angebrachten 1-x-2-Fliesen an einem 1-x-1-Stein mit seitlicher Noppe. Mittels Scharnierplatten kann sich die Tür wie bei einem richtigen Torhaus öffnen und schließen.

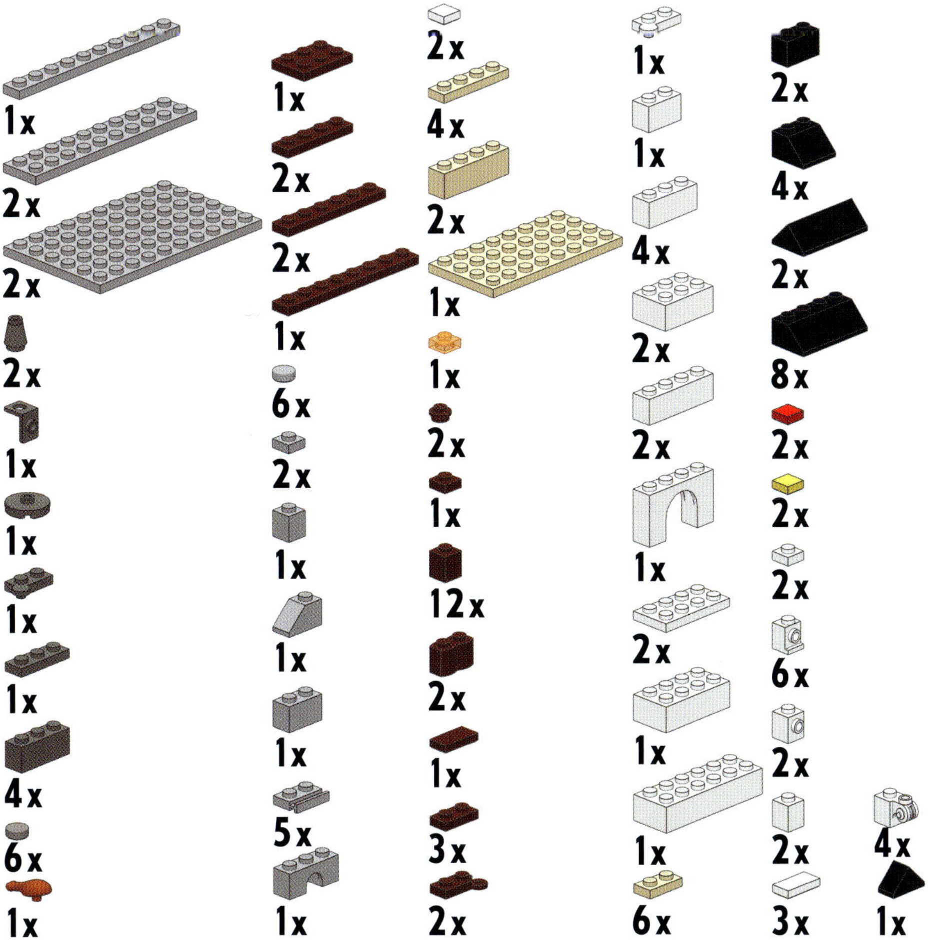

1x
2x
2x
2x
1x
1x
1x
1x
4x
6x
1x

1x
2x
2x
1x
6x
2x
1x
1x
1x
5x
1x

2x
4x
2x
1x
1x
2x
1x
12x
2x
1x
3x
2x

1x
1x
4x
2x
2x
1x
2x
1x
1x
6x

2x
4x
2x
8x
2x
2x
2x
6x
2x
2x
3x

4x
1x

Torhaus

1

2

3

4

5

6

7

8

Torhaus

9

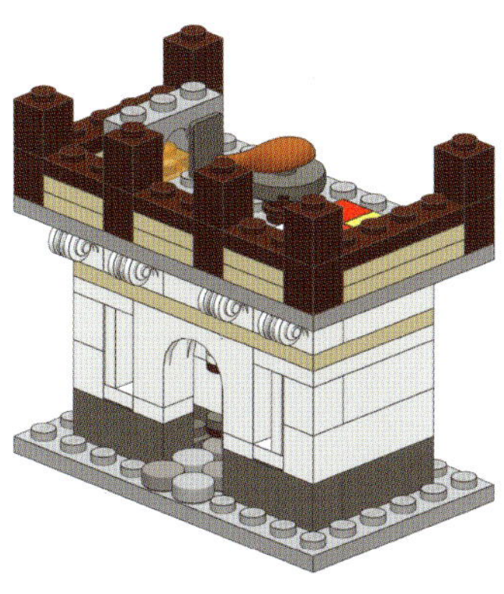

10

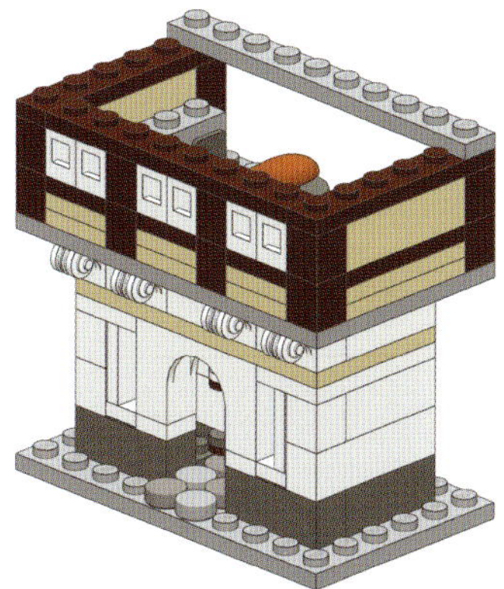

11

12

13

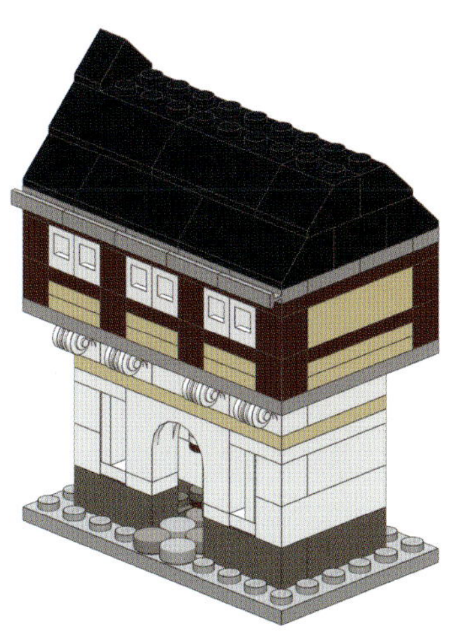

14

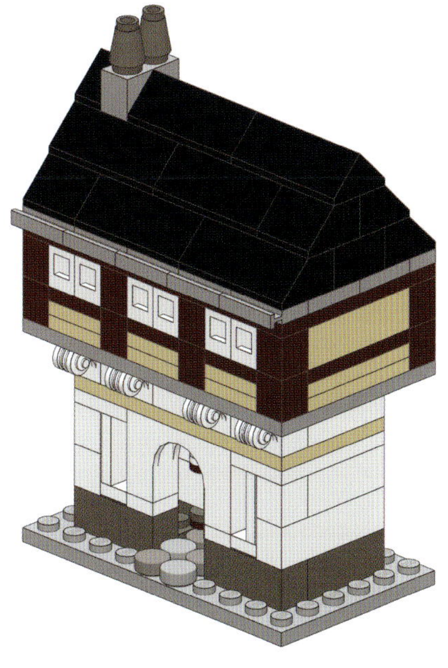

Unter-wasserhaus

Das sagenumwobene mythische Inselreich Atlantis soll einst vom Meer verschlungen worden sein. Da es bisher noch niemand gefunden hat, kann man der Fantasie beim Bau des eigenen Unterwasserhauses freien Lauf lassen. Ihre antik-mediterrane Anmutung erhalten die Säulen durch geriffelte 2-x-2-Rundsteine. Die Stachelschwänze ergeben ein täuschend ähnliches Seegras.

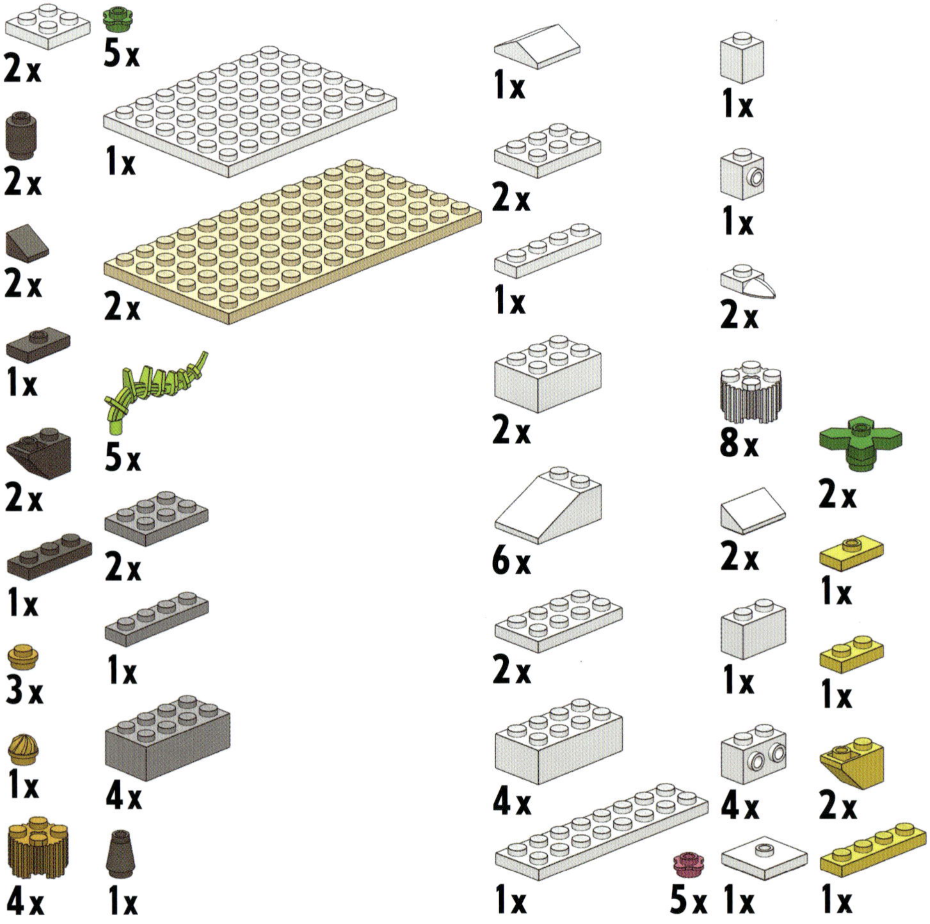

2x
2x
2x
1x
2x
1x
3x
1x
4x

5x
1x
2x
5x
2x
1x
4x
1x

1x
2x
1x
2x
6x
2x
4x
1x

1x
1x
2x
8x
2x
1x
4x
5x
1x

2x
1x
1x
2x
1x

Unterwasserhaus

1

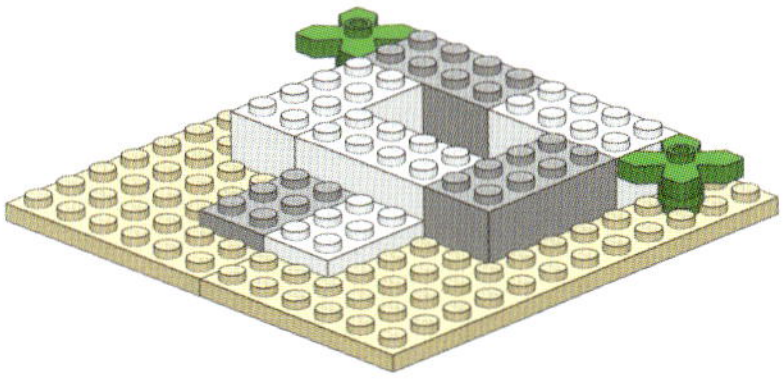

2

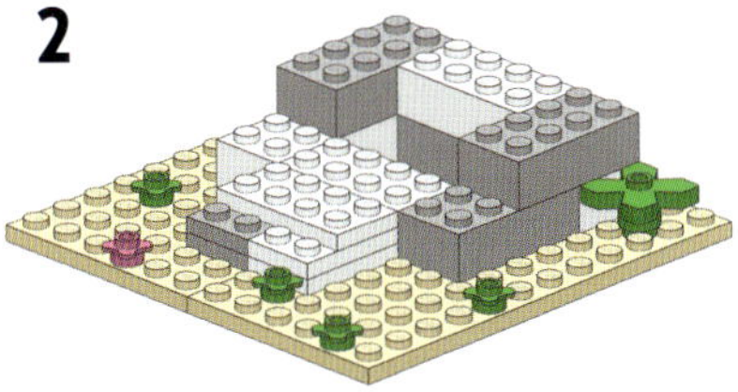

3

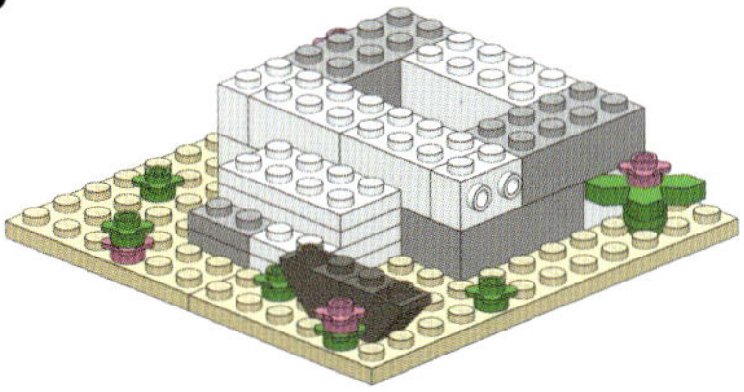

4

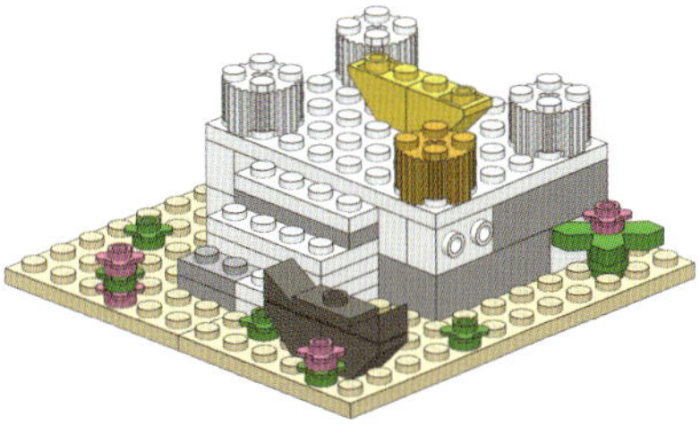

5

6

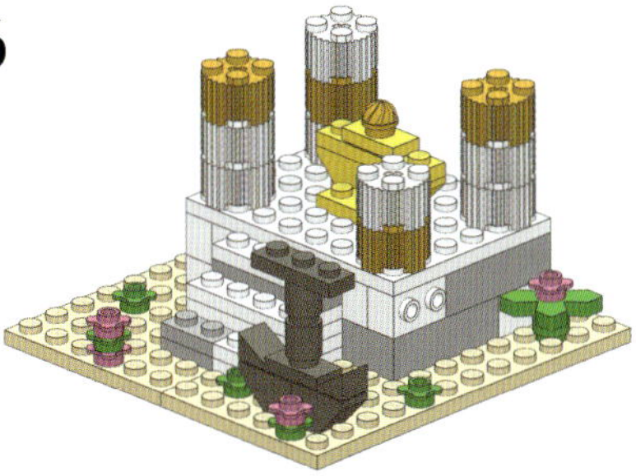

7

8

9

10

11

12

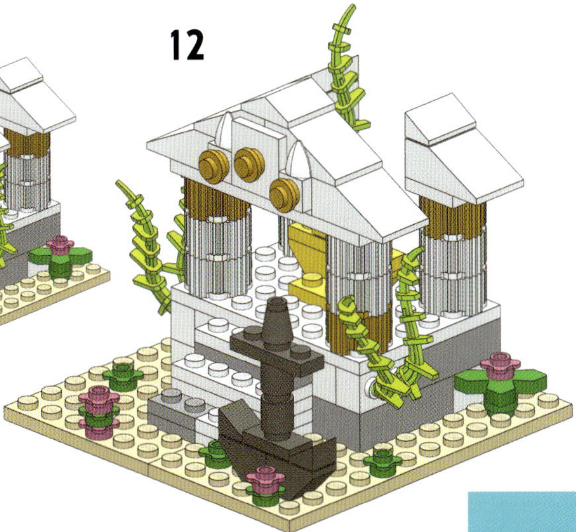

Baumhöhle

Wer schon einmal in einen hohlen Baumstamm geblickt hat, hat darin bestimmt erstaunlich viele kleine Lebewesen entdeckt. Und wer weiß? Vielleicht gibt es dort ja auch winzige Häuser, in denen beispielsweise Elfen wohnen. Für die solide und breite Baumstammbasis wurden zwei 2-x-3-Eckschrägen verwendet. Für die Zweige, die anschließend mit Laub bedeckt werden können, eignen sich Halbbogen ideal.

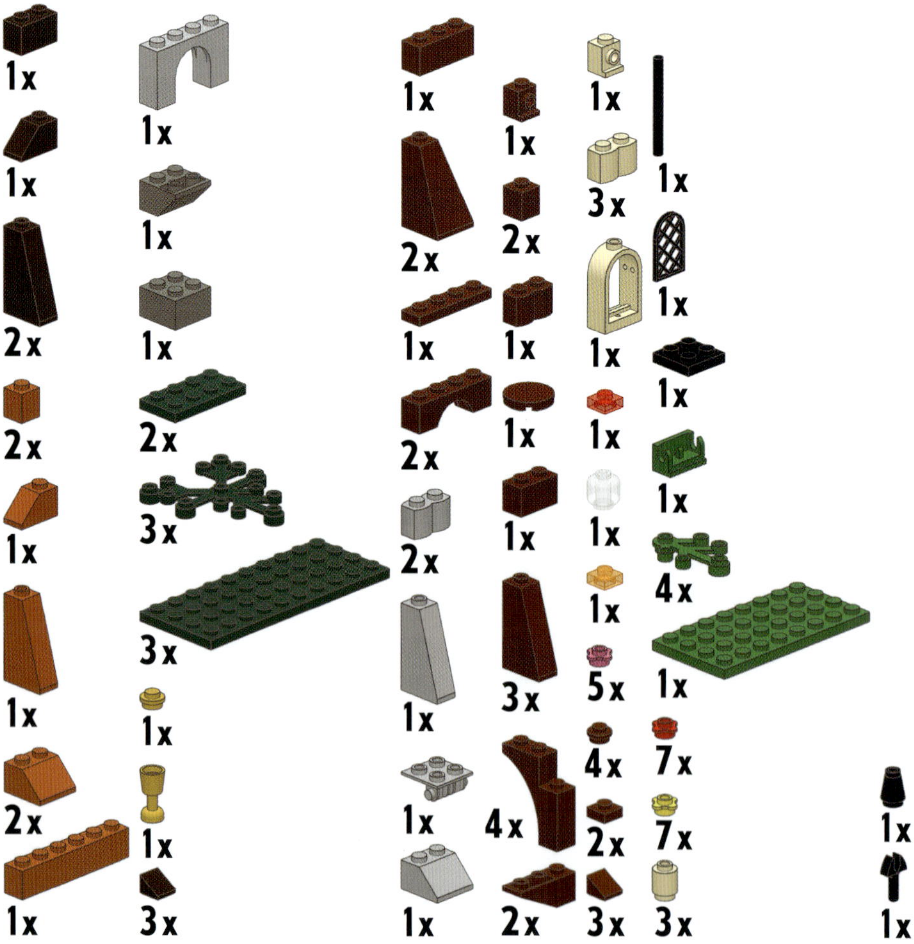

1x 1x 2x 2x 1x 1x 2x 1x

1x 1x 1x 2x 3x 3x 1x 1x 3x

1x 2x 1x 2x 2x 1x 1x 1x

1x 2x 1x 1x 1x 3x 4x 2x

1x 3x 1x 1x 1x 1x 1x 5x 4x 2x 3x

1x 1x 1x 1x 4x 1x 7x 7x 3x

1x 1x

Baumhöhle

1

2

3

4

5

6

7

8

9

10

11

12

Klippenvilla

Heute baut man viele Häuser hoch oben auf Klippen – der wunderbaren Aussicht über das Meer und der Sonnenuntergänge wegen, die man typischerweise durch ein großes Panoramafenster genießt. Für die felsigen Abhänge eignen sich unterschiedliche Schrägsteine besonders gut, die je nach Höhe der Klippe in der Größe angepasst werden können. Für den Wasserfall wurden dunkelblaue, hellblaue und transparent blaue 1-x-1-Platten verwendet, die den Eindruck schäumenden Wassers erzeugen.

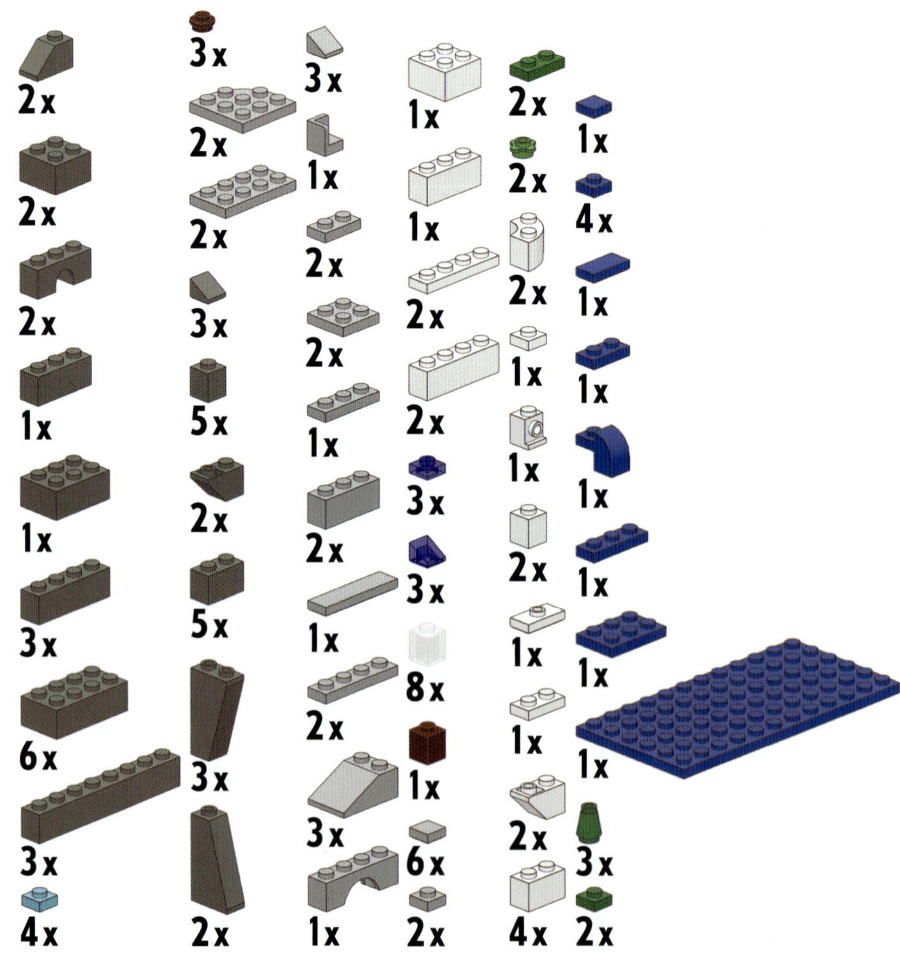

Klippenvilla

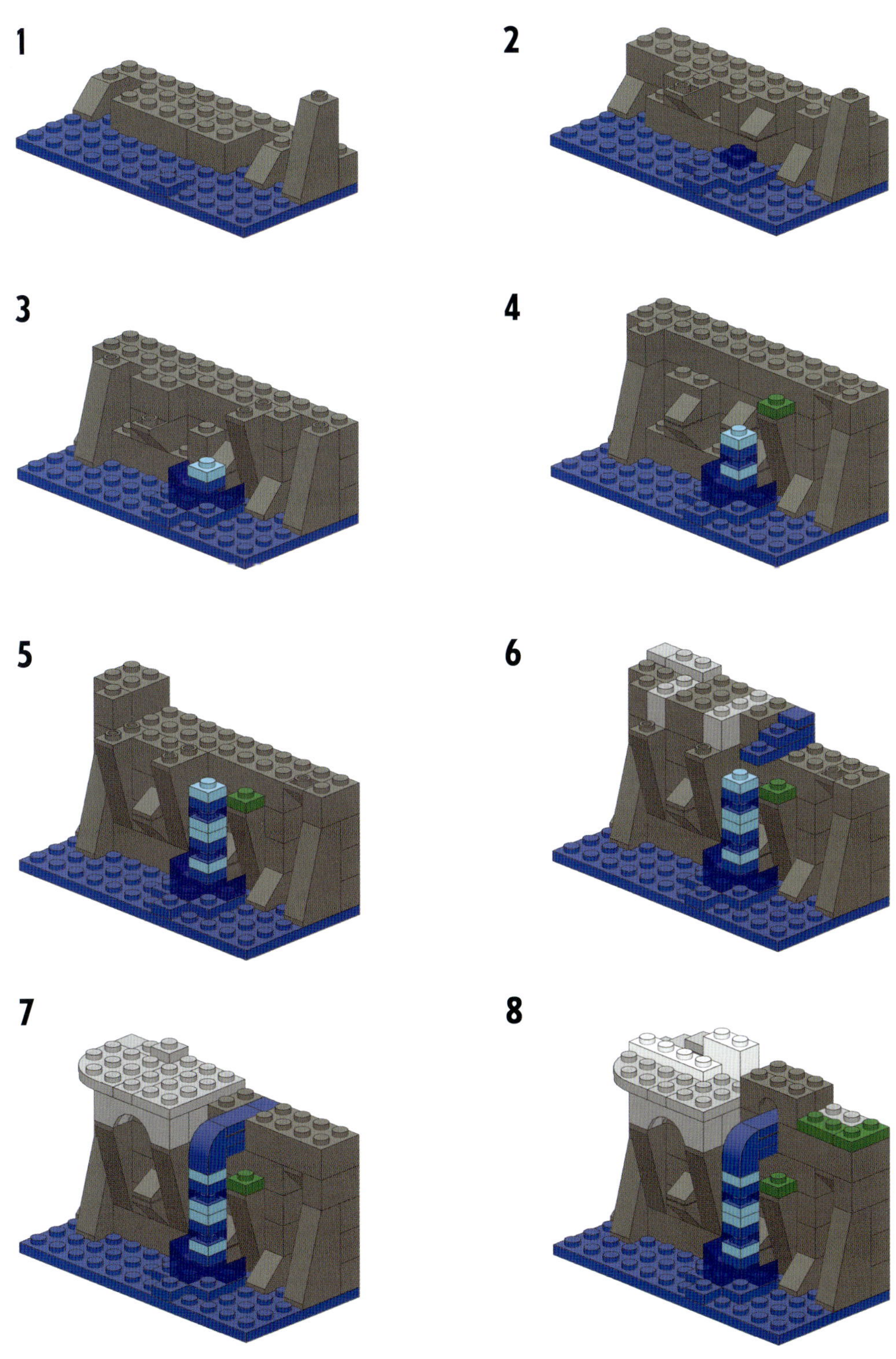

Klippenvilla

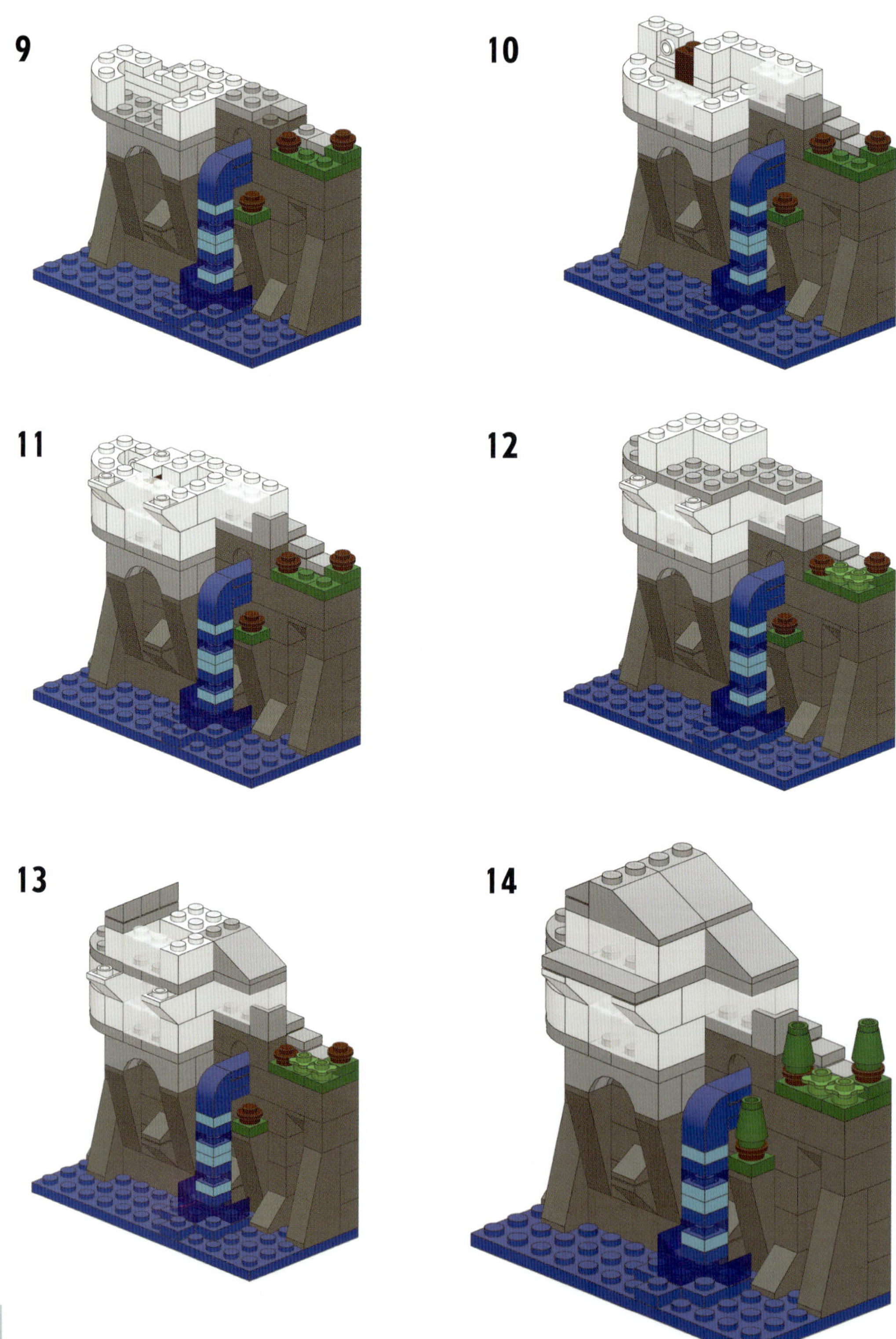

Fliegendes Haus

Wolltest auch du schon einmal an einem ganz besonderen Ort wohnen? Stell dir vor, du könntest mit deinem Haus einfach auf und davon fliegen – an einen Strand, in den Dschungel, auf den Gipfel des Mount Everest, wohin du willst! Dieses Haus kann mit den Flügeln flattern, da sie sowohl in der Mitte als auch an der Nahtstelle zum Haus selbst beweglich sind.

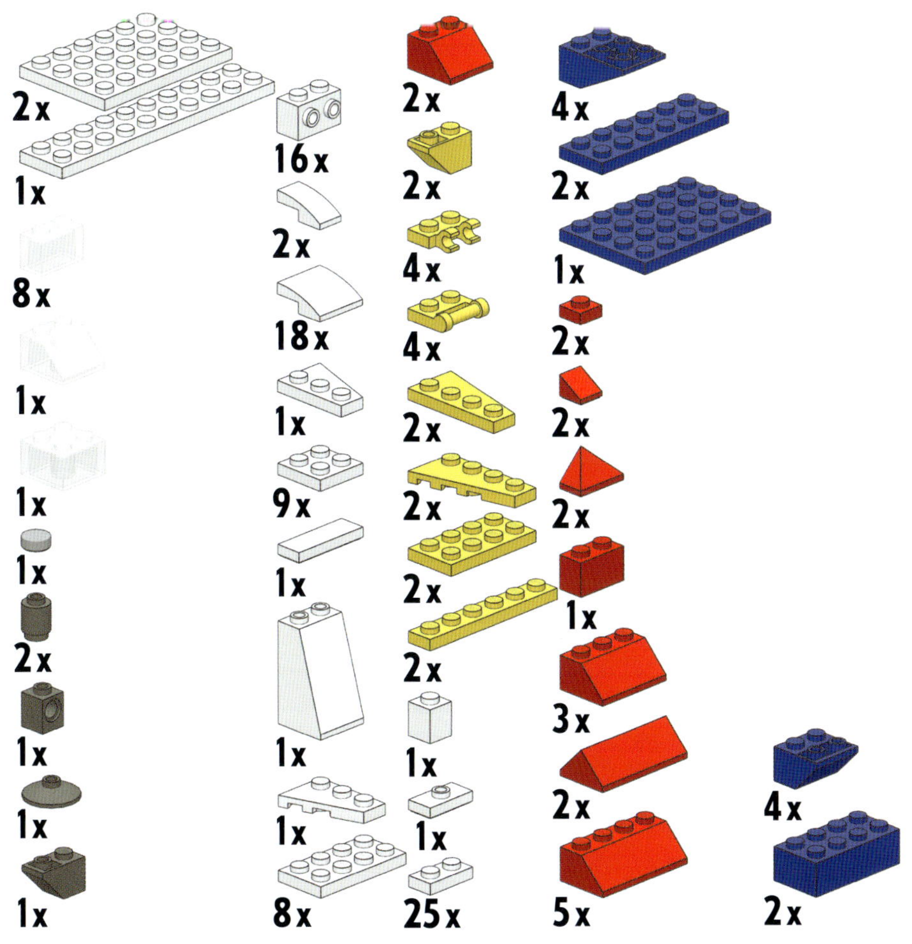

Fliegendes Haus

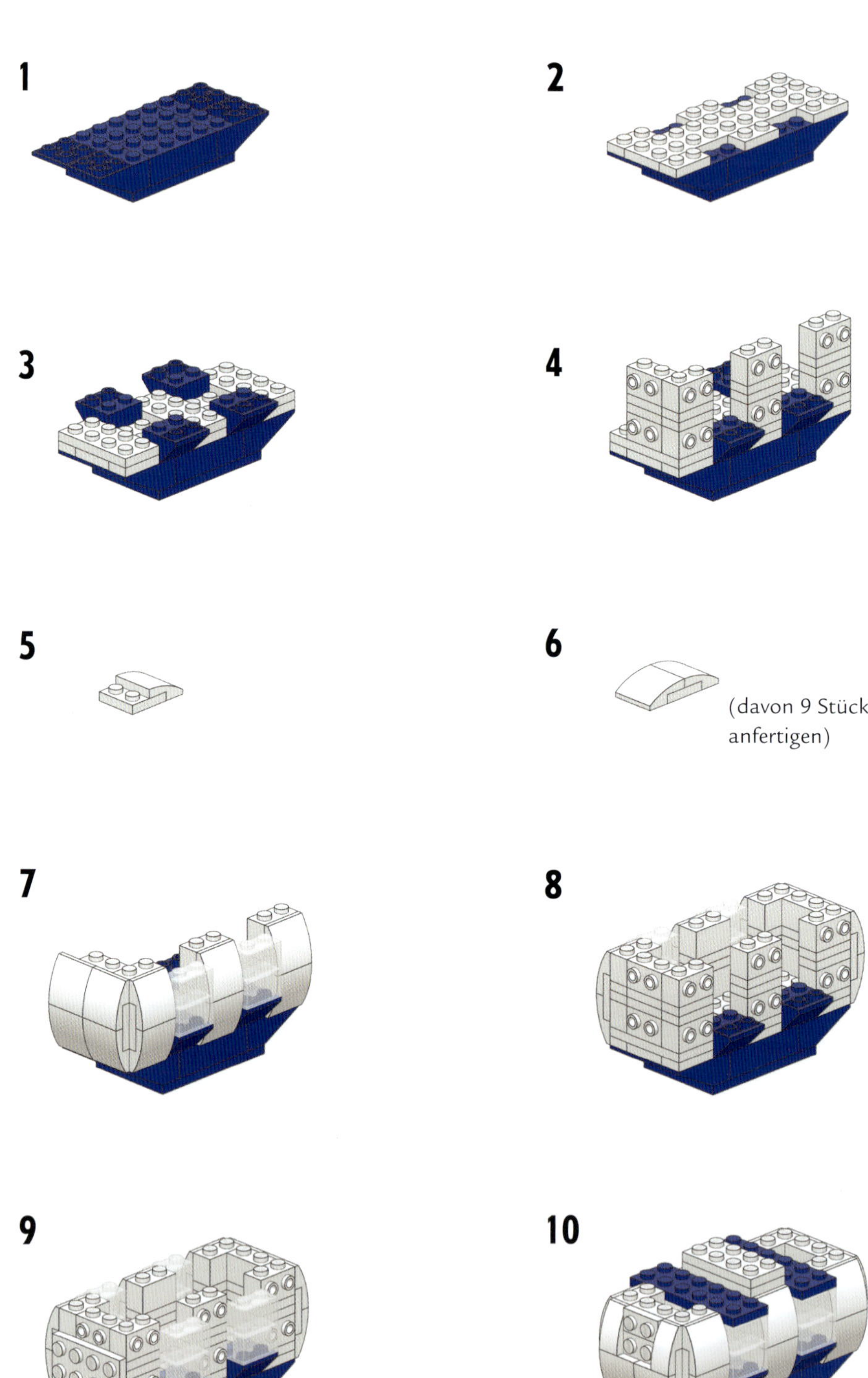

Fliegendes Haus

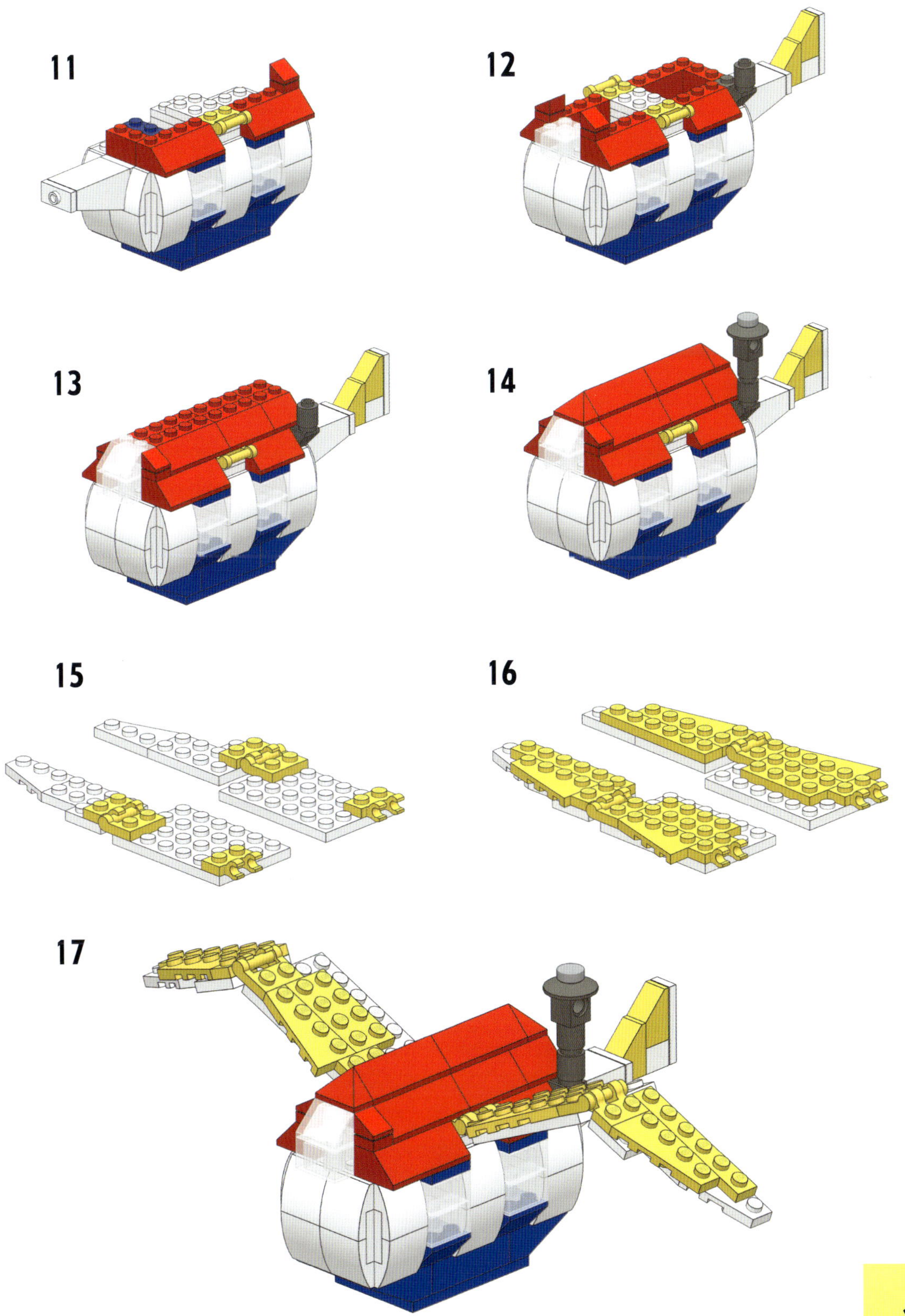

Königs-palast

Paläste gibt es überall auf der Welt. Sie waren ursprünglich die offiziellen Wohnsitze von Königen, Königinnen, Bischöfen und Kaisern. Heute sind viele als Touristenattraktion der Öffentlichkeit zugänglich. Die englische Königin wohnt noch immer in einem Palast, im Buckingham Palace, der 775 Zimmer besitzt. Die nach innen zeigenden 1-x-1-»Headlight«-(Scheinwerfer-) Steine ergeben das palasttypische gleichförmige Fenstermuster.

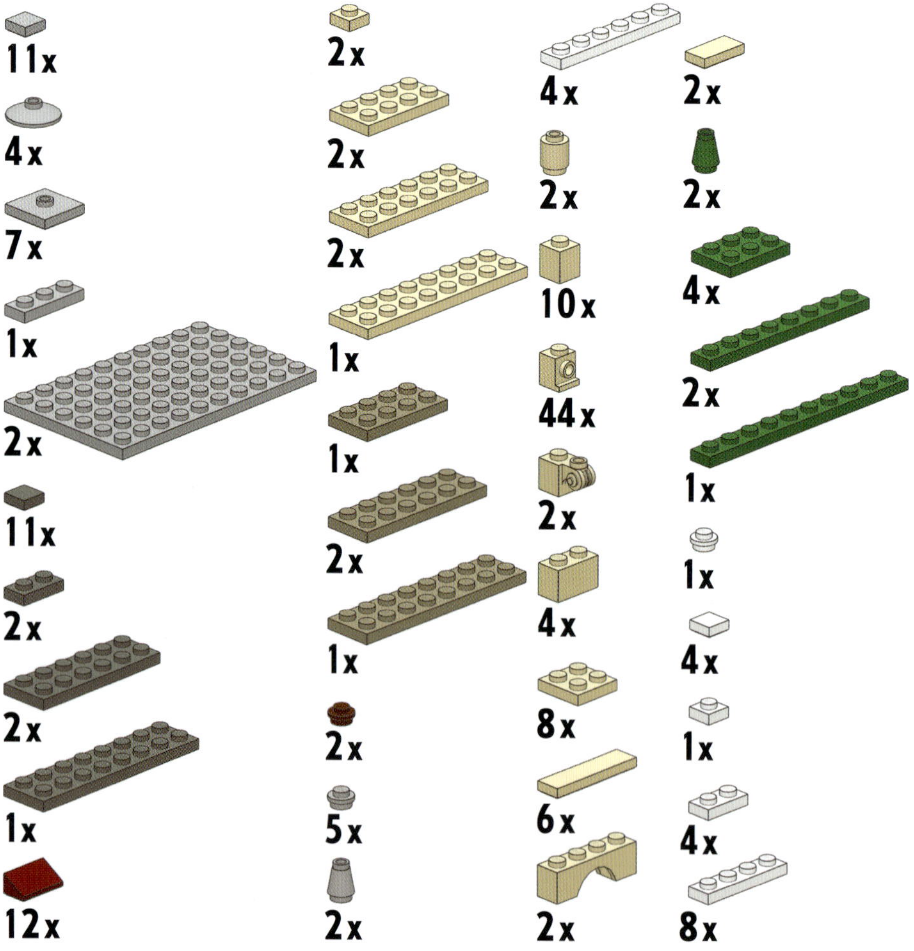

11x
4x
7x
1x
2x
11x
2x
2x
1x
12x

2x
2x
2x
1x
1x
2x
1x
2x
5x
2x

4x
2x
10x
44x
2x
4x
8x
6x
2x

2x
2x
4x
2x
1x
1x
4x
1x
4x
8x

Königspalast

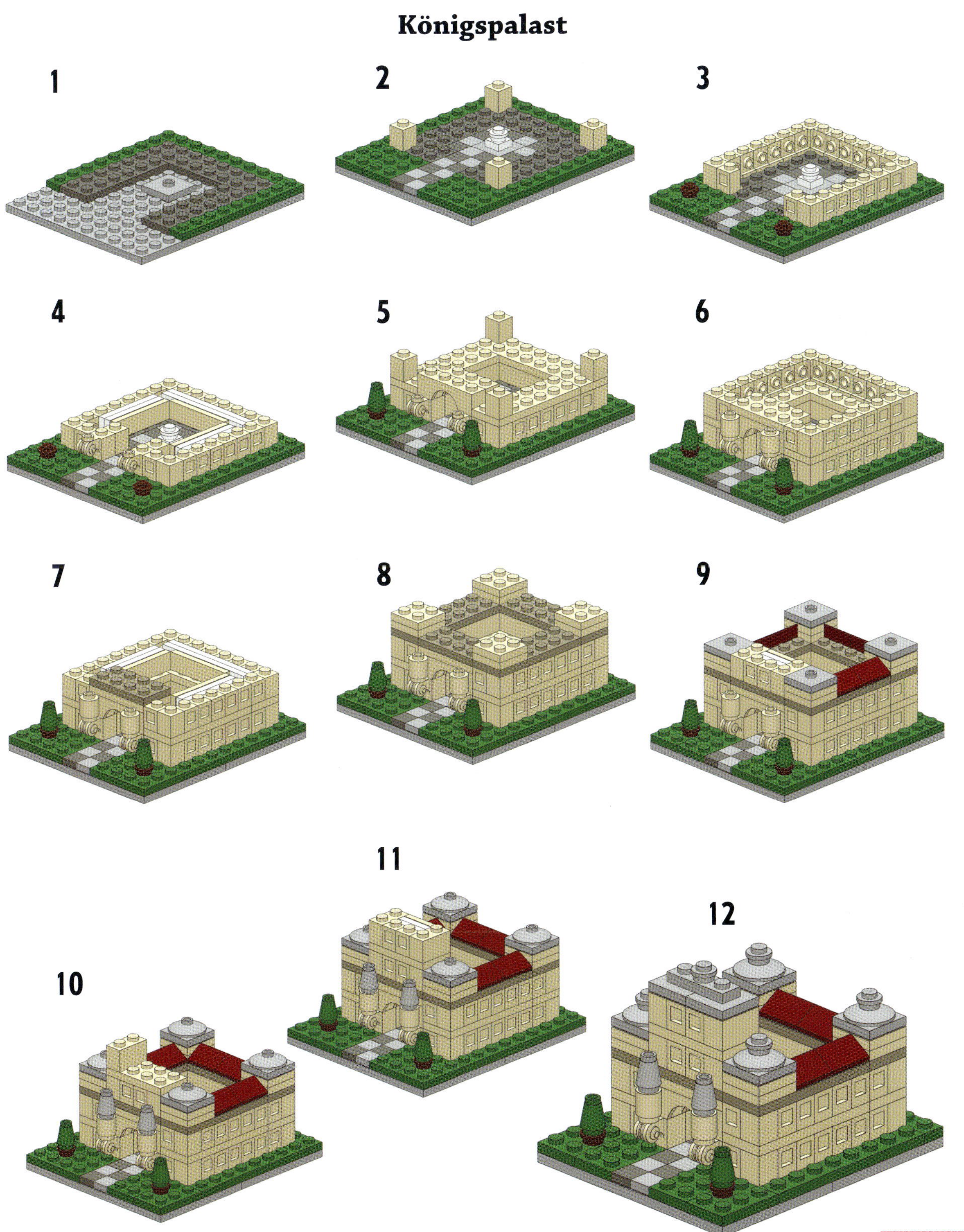

Hausboot

Sich einfach auf dem Wasser treiben zu lassen, kann ungeheuer entspannend sein. Wie wunderbar muss es dann erst sein, in einem Hausboot zu wohnen? Da kann man von der eigenen Türschwelle aus schnell mal eben schwimmen gehen! Oder aus dem Wohnzimmerfenster die Angel auswerfen! Für den Schiffsrumpf wurden inverse Schrägsteine verwendet, für die Holztäfelung mehrere Fliesen, aufgesetzt auf Steinen mit seitlicher Noppe.

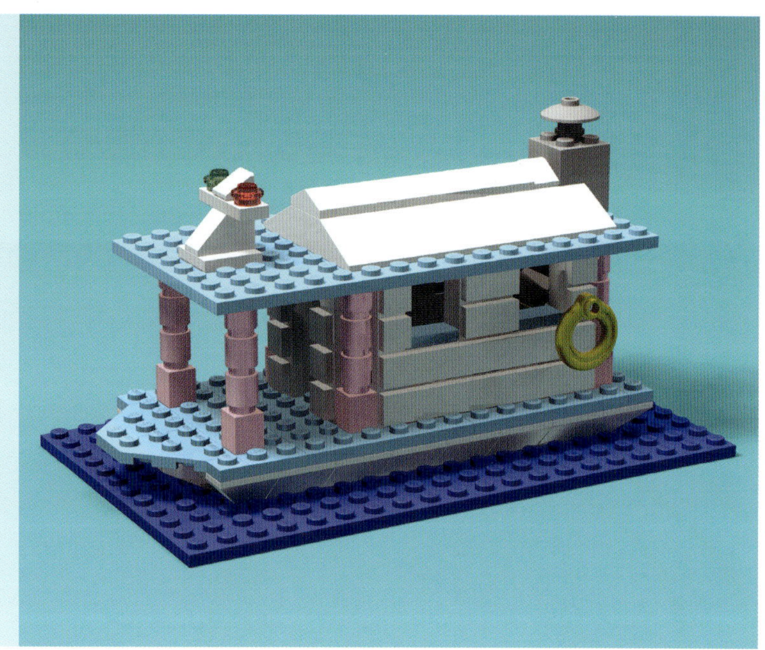

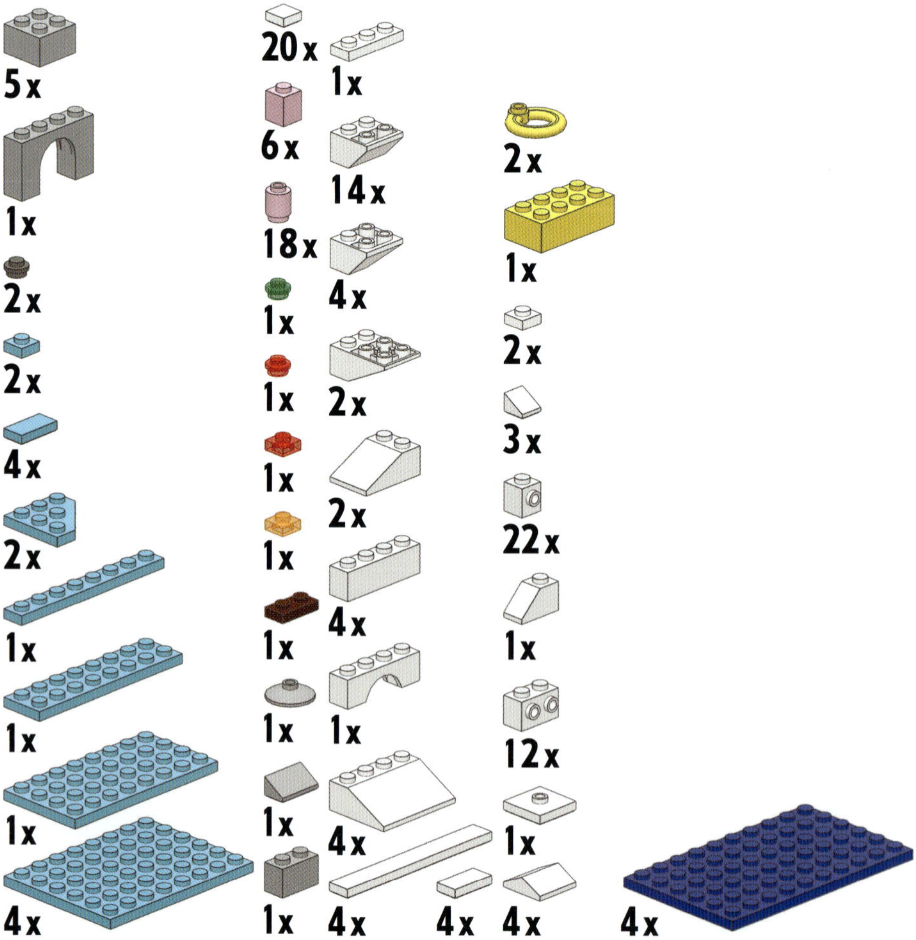

5x
1x
2x
2x
4x
2x
1x
1x
1x
4x

20x
6x
18x
1x
1x
1x
1x
1x
1x
1x
1x
1x

1x
14x
4x
2x
2x
4x
1x
4x
4x
4x

2x
1x
2x
3x
22x
1x
12x
1x
4x

4x

Hausboot

1

2

3

4

5

6

7

8

9

11

12

10

Feenhaus

Feenhäuser sind in Gärten oder tief im Wald versteckt, damit Menschen sie nicht finden können. Sie sind vollständig aus natürlichen Materialien erbaut; das Dach dieses Feenhauses etwa besteht aus einem umgedrehten Blütenkelch. Für die Blütenblätter wurden Keilplatten verwendet, die normalerweise bei Tragflächen zum Einsatz kommen. Klappt man sie nach innen, ähneln sie einem Steildach. Mit zwei verschiedenen Orangetönen wirkt der Kamin realisitischer.

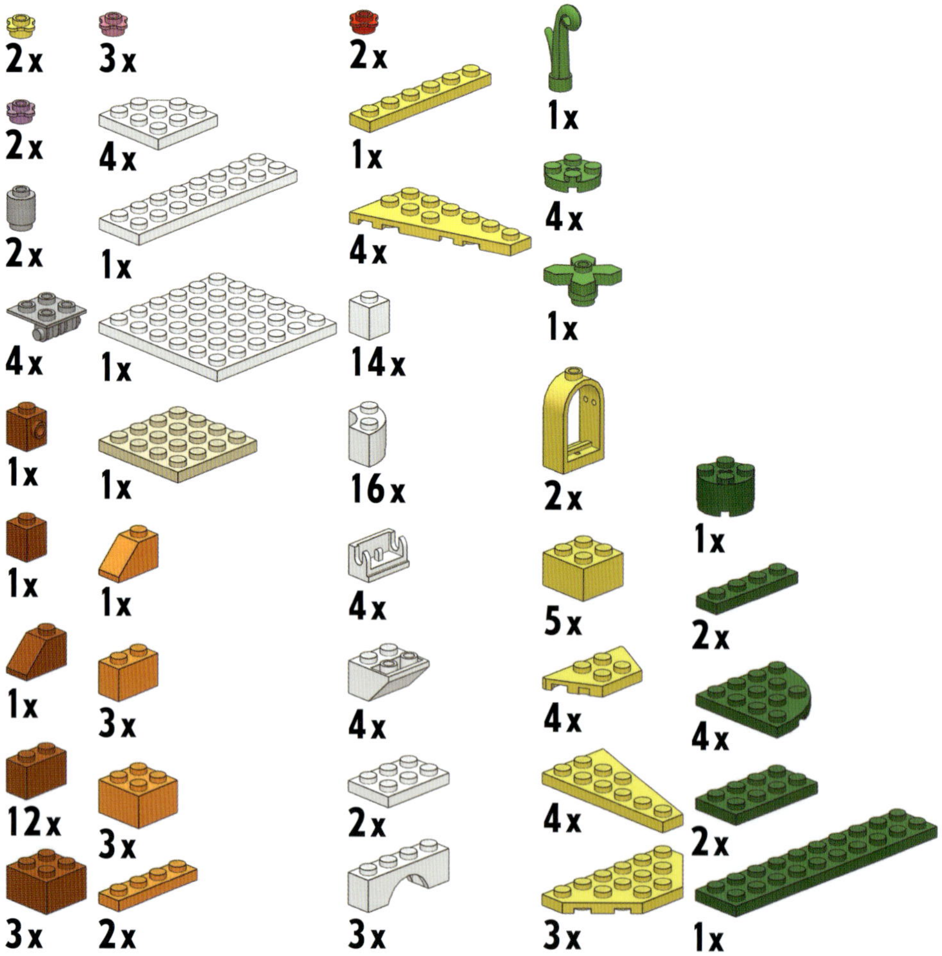

2x 2x 2x 4x 1x 1x 1x 12x 3x

3x 4x 1x 1x 1x 1x 3x 3x 2x

2x 1x 4x 14x 16x 4x 4x 2x 3x

1x 4x 1x 2x 5x 4x 4x 3x

1x 2x 4x 2x 1x

Feenhaus

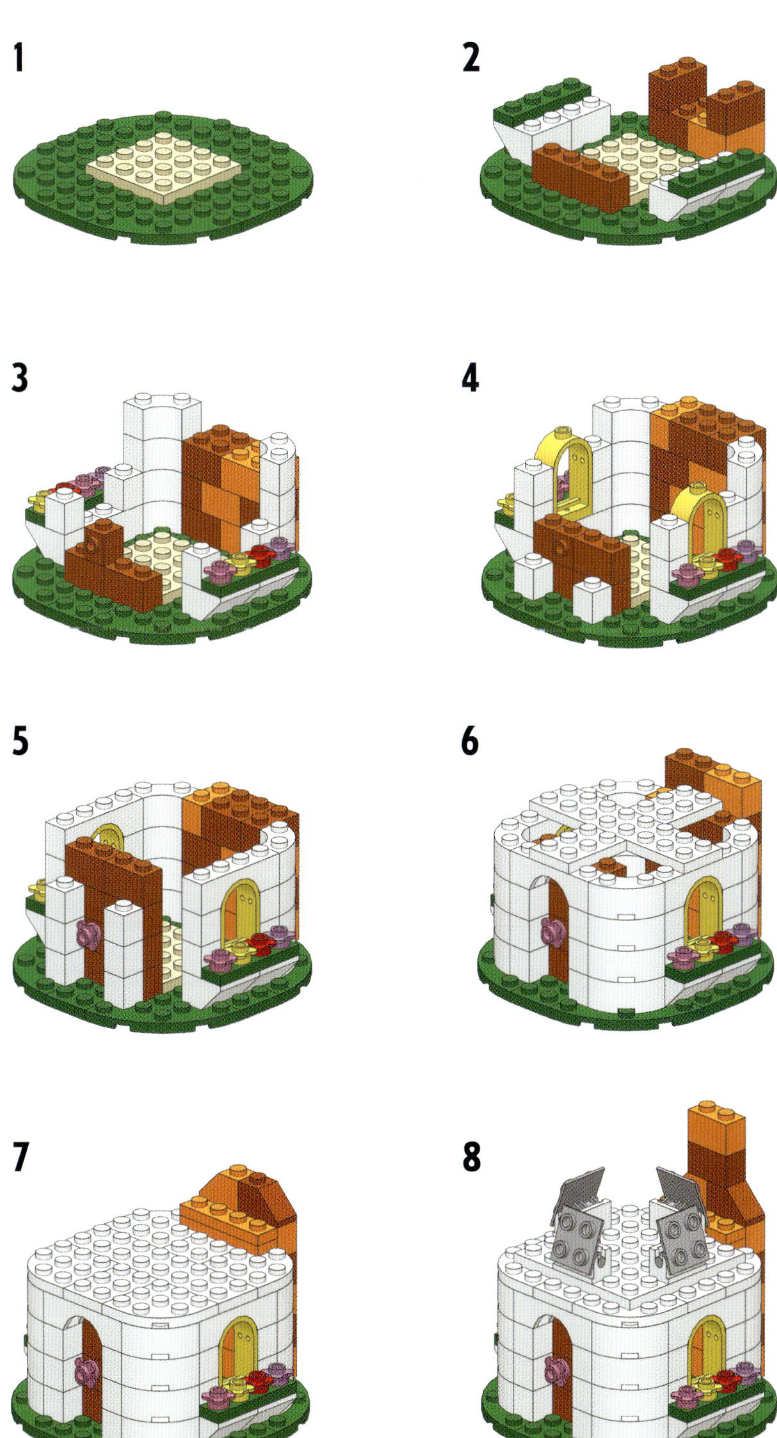

Feenhaus

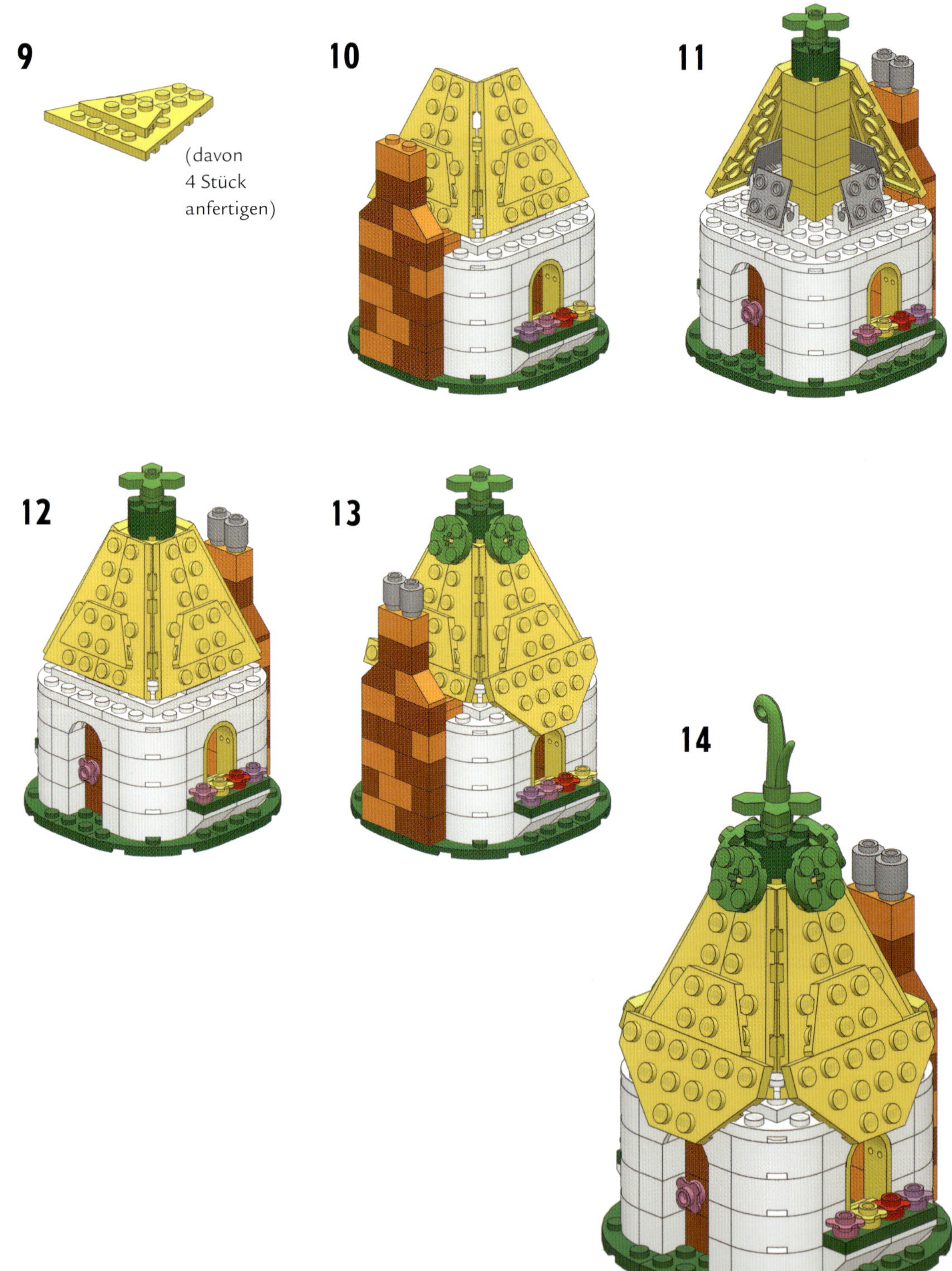

Lebkuchenhaus

Lebkuchenhäuser kann man natürlich aus echten Lebkuchen anfertigen – und dann aufessen! Wenn aber gerade nicht Weihnachten ist, kann man auch eins aus LEGO®-Steinen bauen. Steckscharniere verleihen dem Dach die perfekte Schräge, sodass die Platten in Schichten angebracht werden können und wie Zuckerguss aussehen. Rote und weiße 1-x-1-Rundsteine als Eckpfeiler des Hauses erinnern an Zuckerstangen.

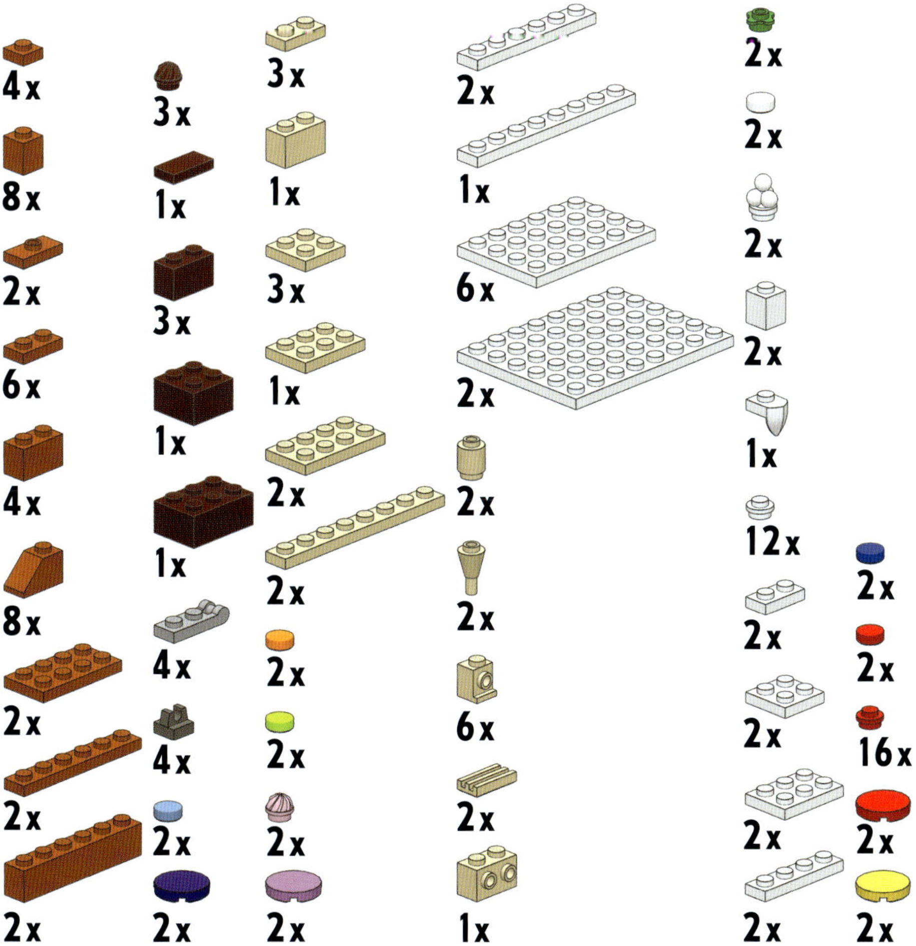

4x
8x
2x
6x
4x
8x
2x
2x
2x

3x
1x
3x
1x
1x
4x
4x
2x
2x

3x
1x
3x
1x
2x
2x
2x
2x
2x
2x

2x
1x
6x
2x
2x
2x
6x
2x
1x

2x
2x
2x
2x
1x
12x
2x
2x
2x
2x

2x
2x
16x
2x
2x

Lebkuchenhaus

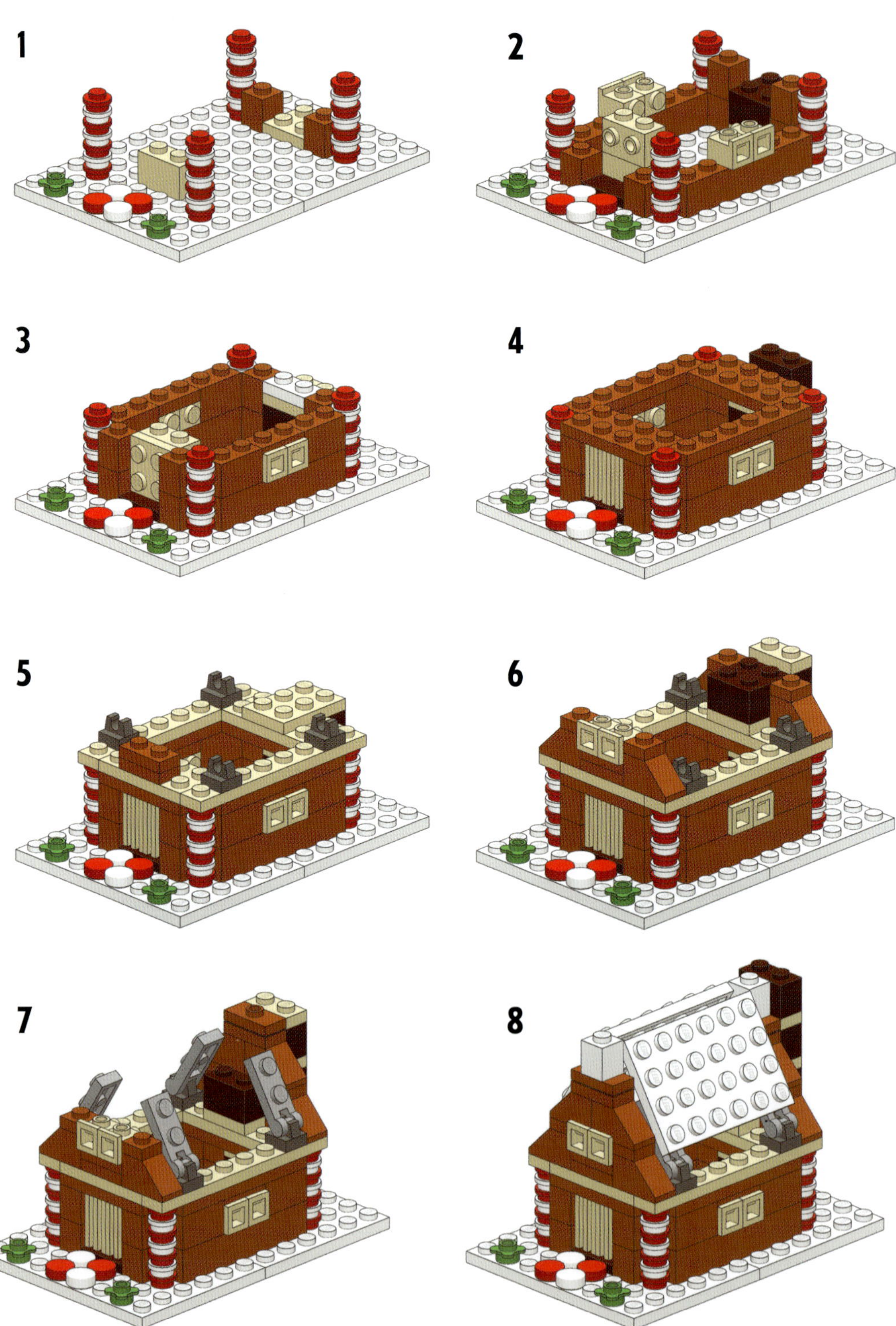

Lebkuchenhaus

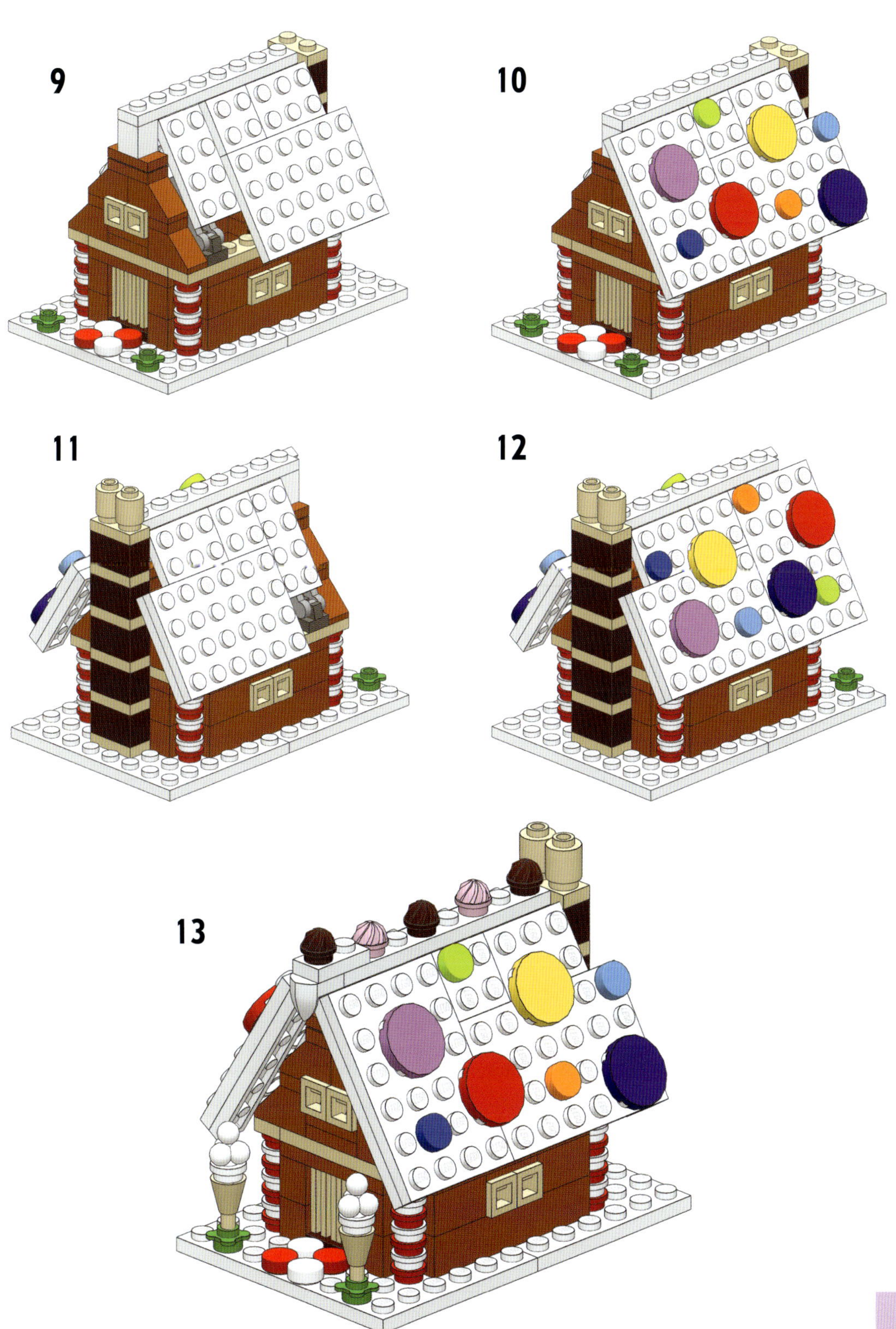

Miniburg

Burgen müssen nicht immer groß sein, um wehrhaft zu wirken. Diese Miniburg passt in eine Handfläche, hat aber alles, was eine richtige Burg braucht. Für die Außenwände wurden 1-x-1- und 1-x-2-Paneele verwendet, für die kleinen Turmspitzen bieten sich Einhornhörner an. Unterschiedlich grüne Platten sorgen für die leicht hügelige Landschaft.

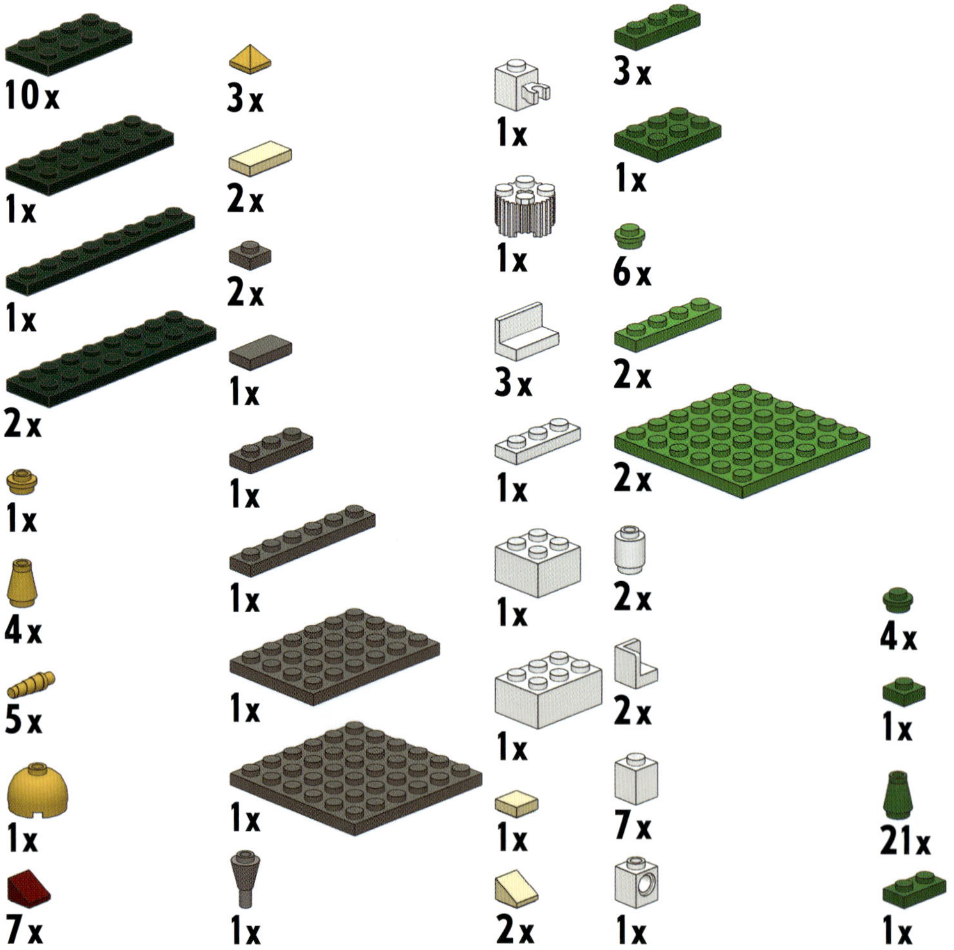

10x
1x
1x
2x
1x
4x
5x
1x
7x

3x
2x
2x
1x
1x
1x
1x
1x
1x

1x
1x
3x
1x
1x
1x
1x
2x

3x
1x
6x
2x
2x
2x
2x
7x
1x

4x
1x
21x
1x

Miniburg

1

2

3

4

5

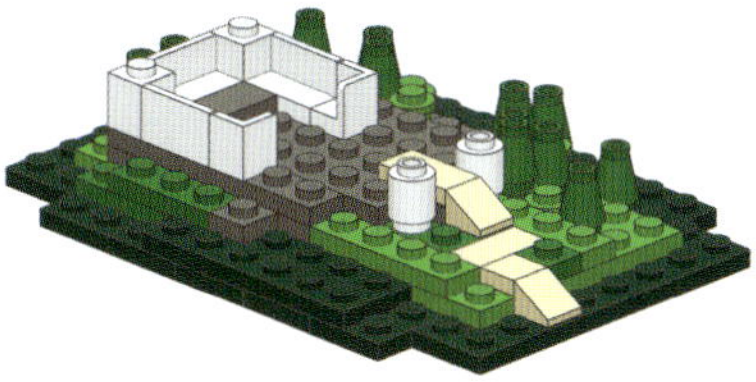

6

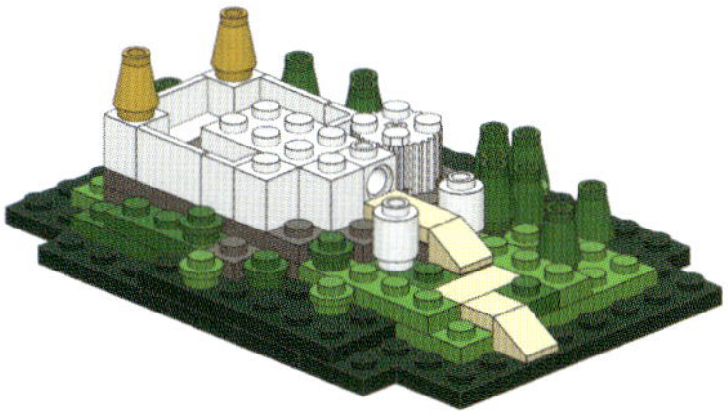

7

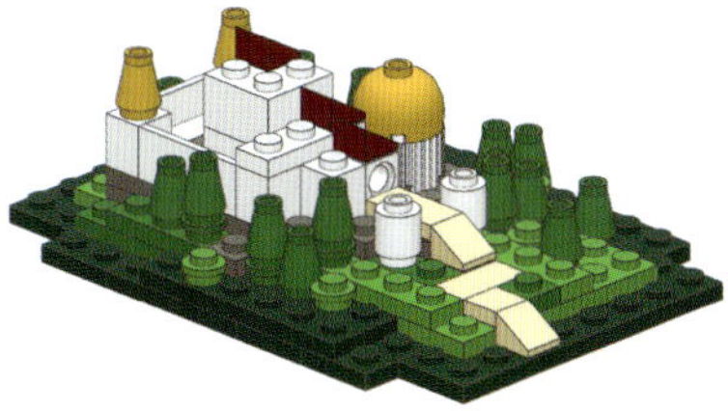

8

9

10

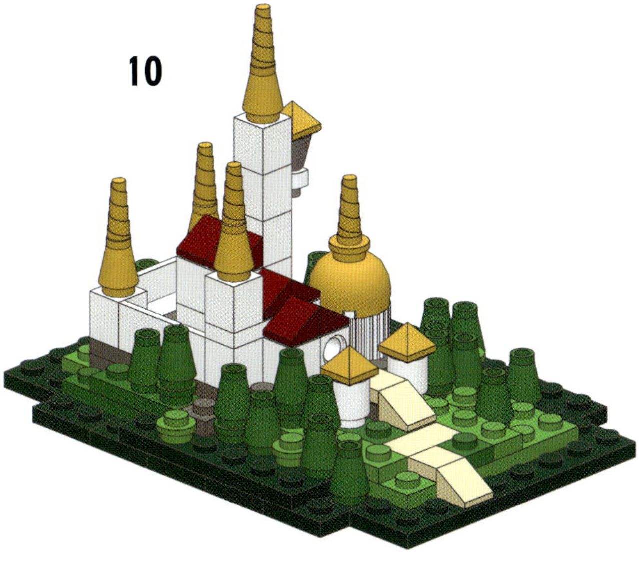

Haus am See

Manche Häuser an Seen oder in der Nähe von Flüssen werden auf Stelzen erbaut, damit sie nicht überschwemmt werden, wenn der Wasserpegel steigt. So können auch kleine Boote direkt an ihnen anlegen. Würde man als Fischer in einem solchen Haus wohnen, hätte man es nicht weit zur Arbeit. Aus den 1-x-2-Fliesen mit Rillen lassen sich die perfekten Holzdielen für den Anlegesteg und die Terrasse des Hauses bauen.

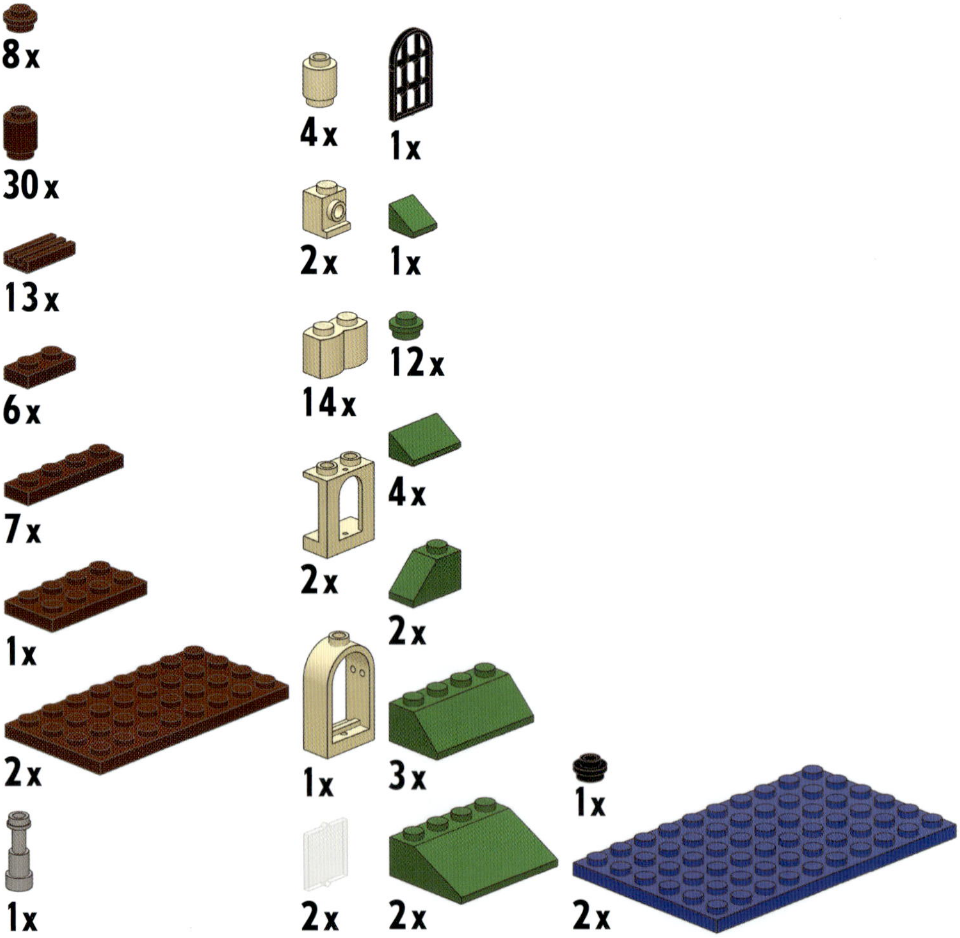

8x

30x

13x

6x

7x

1x

2x

1x

4x

2x

14x

2x

1x

2x

1x

1x

12x

4x

2x

3x

2x

1x

2x

Haus am See

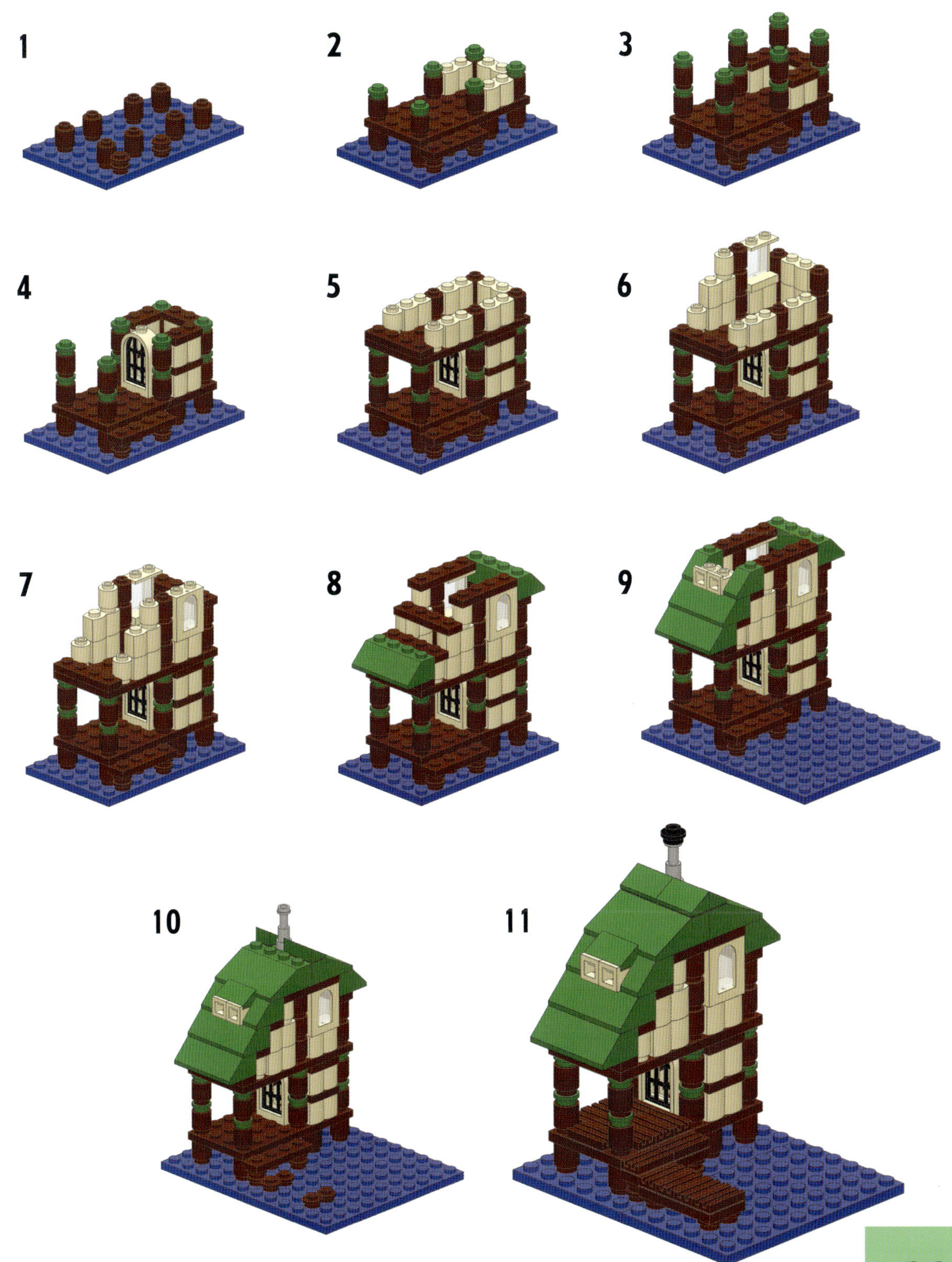

Wohnmobil

Ein mobiles Zuhause ist die perfekte Reisemöglichkeit. Kommt man irgendwo hin, wo es einem gut gefällt, stellt man einfach den Motor ab und bleibt eine Weile. Manche Menschen wohnen sogar ständig in einem Wohnwagen; so sind sie immer bereit zum Aufbruch, wenn ihnen danach ist. Die Doppelachse hinten wird von zwei 6-x-1-Bogen überspannt.

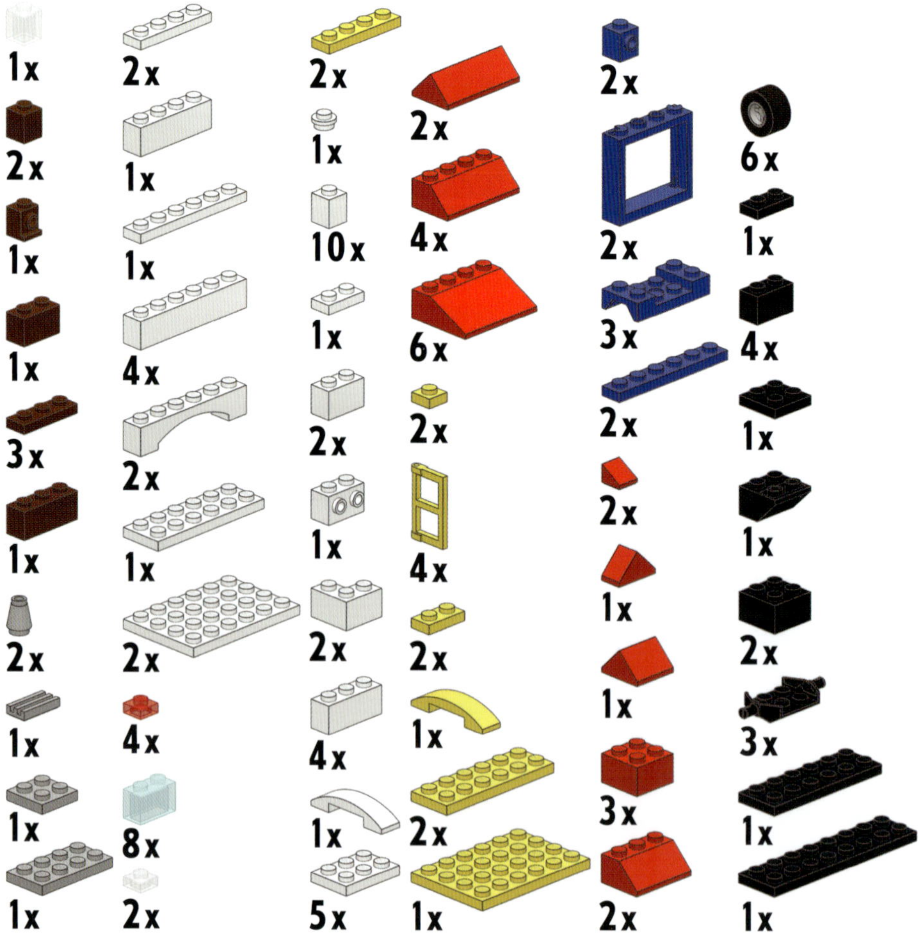

1x 2x 1x 1x 3x 1x 2x 1x 1x 1x

2x 1x 1x 4x 2x 1x 2x 4x 8x 2x

2x 1x 10x 1x 2x 1x 2x 4x 1x 5x

2x 4x 6x 2x 4x 2x 1x 2x 1x

2x 2x 3x 2x 2x 1x 1x 3x 2x

6x 1x 4x 1x 1x 2x 3x 1x 1x

Wohnmobil

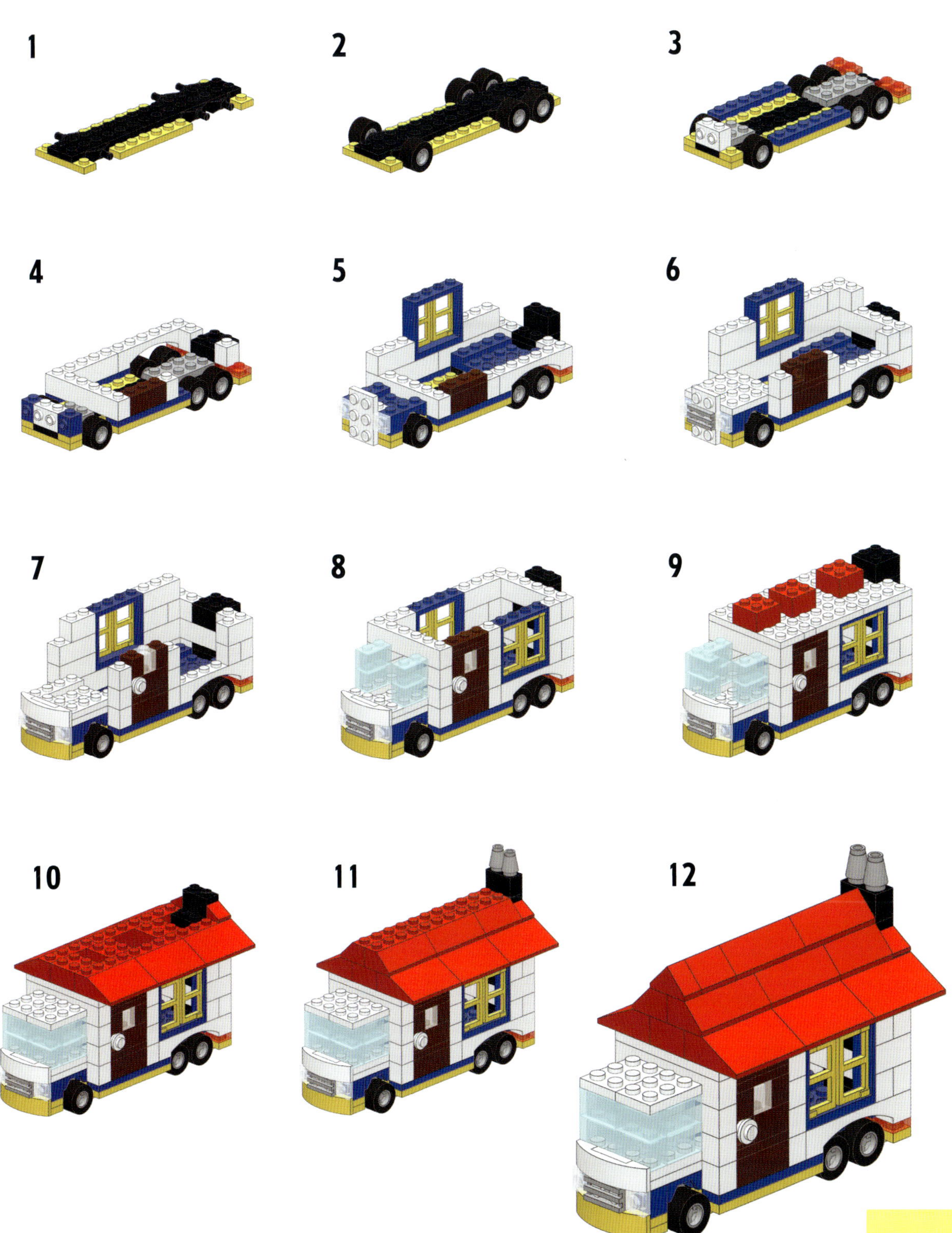

Hoher Turm

Im Mittelalter errichtete man Türme als Zeichen des Wohlstands – je höher der Turm, desto wohlhabender war der Bauherr. Außerdem dienten sie als Aussichtspunkte, von denen aus man die Umgebung im Auge behalten und sich vor Angreifern schützen oder flüchtende Gefangene ausmachen konnte. Der Kern dieses Turms besteht aus 1-x-1-Steinen mit einer Noppe auf jeder Seite und daran befestigten Platten.

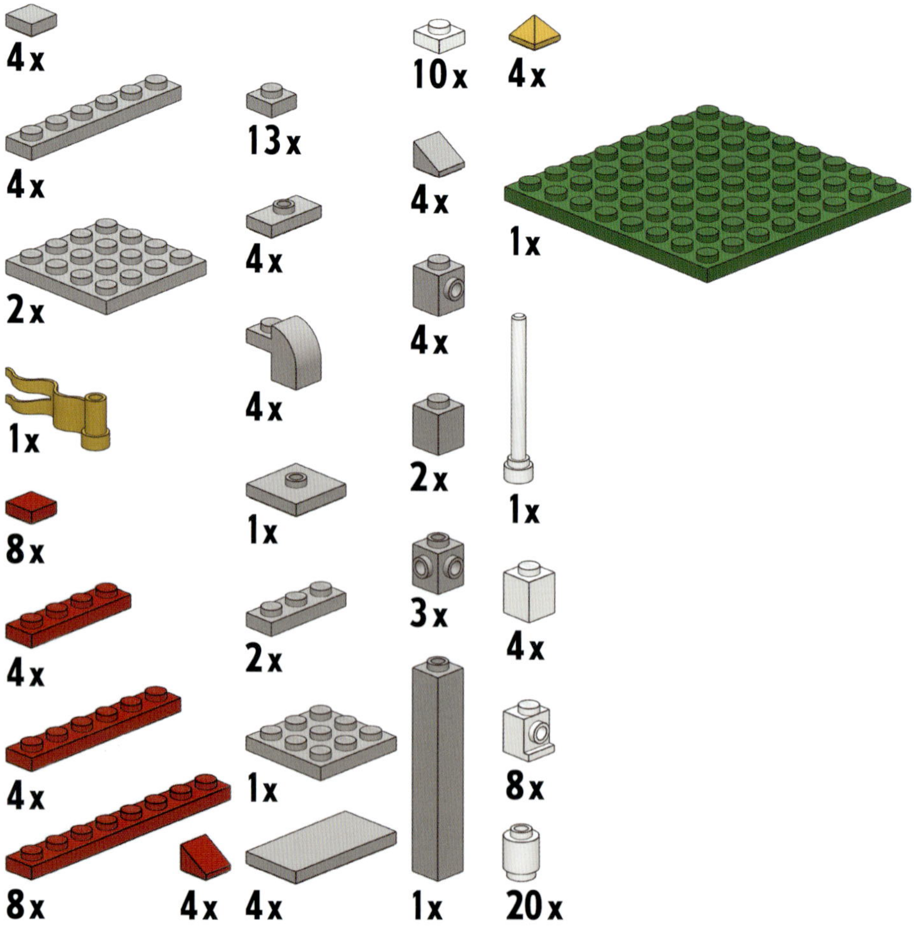

4x
4x
2x
1x
8x
4x
4x
8x
4x

13x
4x
4x
1x
2x
1x
4x

10x
4x
4x
2x
3x
1x

4x
1x
1x
4x
8x
20x

Hoher Turm

1

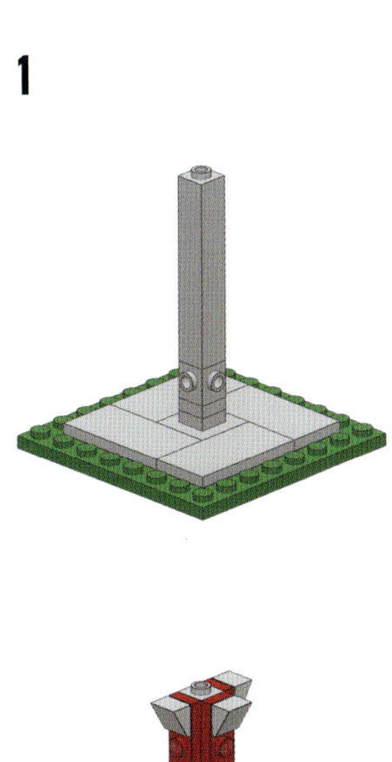

2

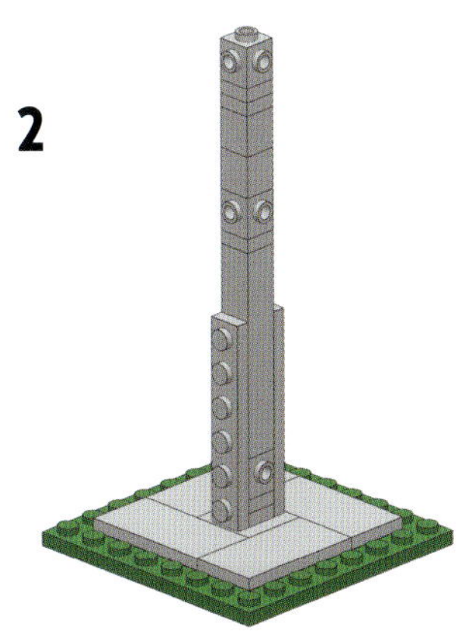

3

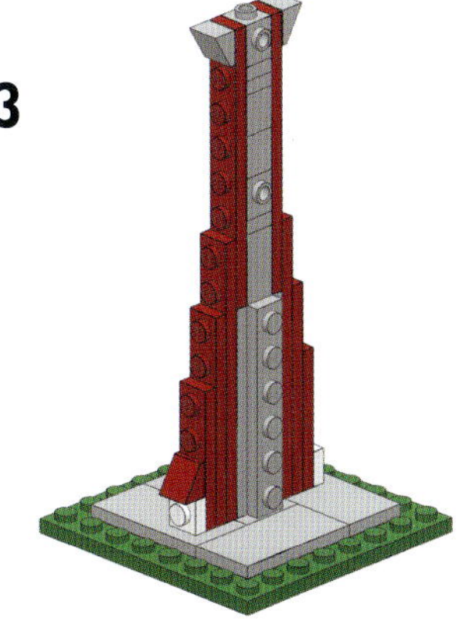

4

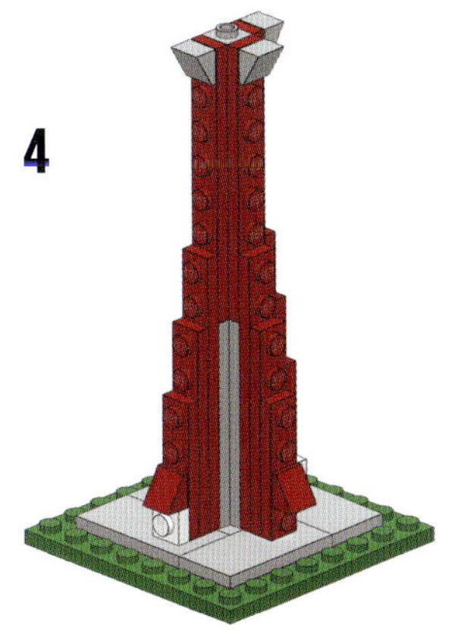

5

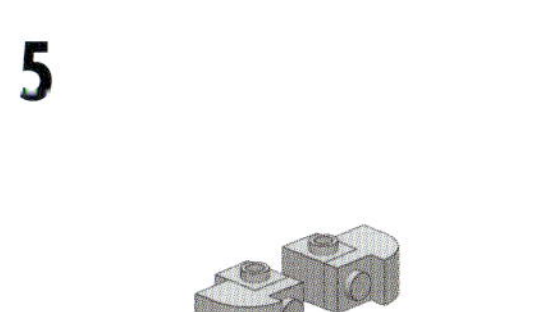

6

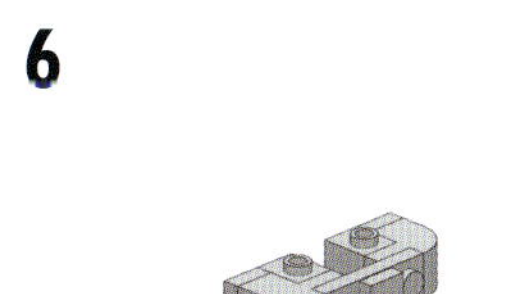

7

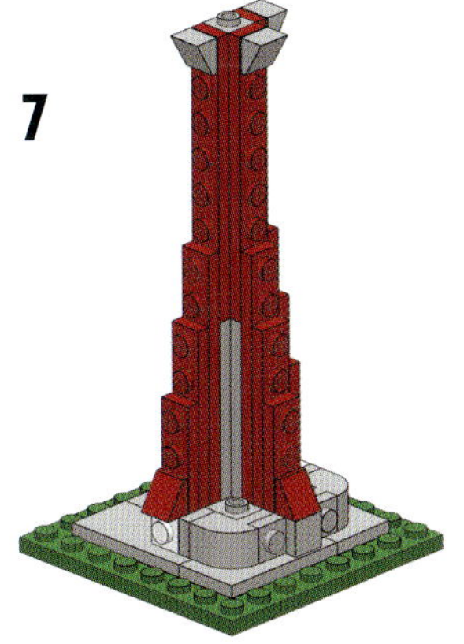

8

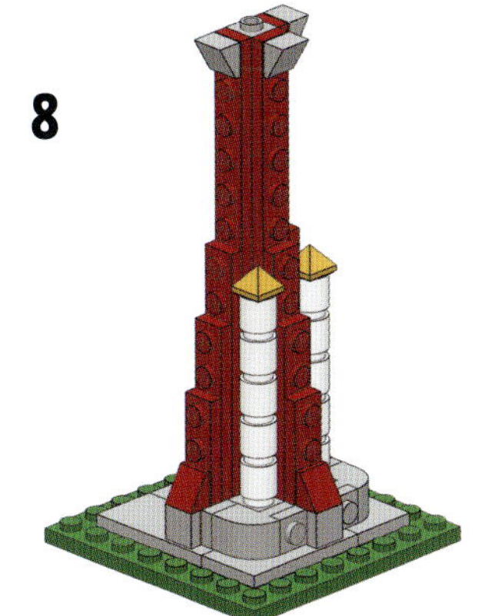

9

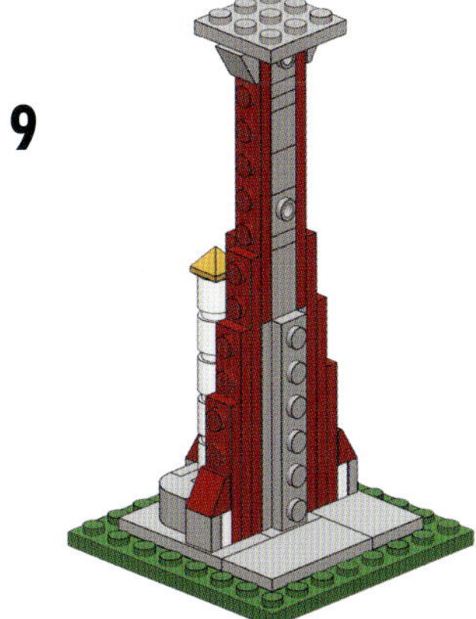

Hoher Turm

10

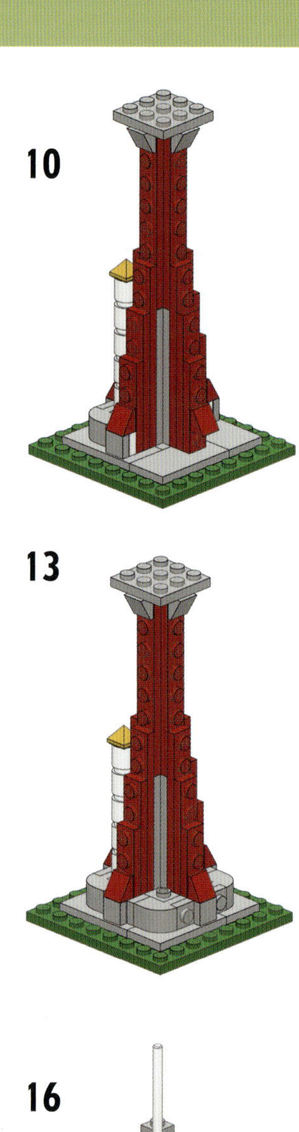

11

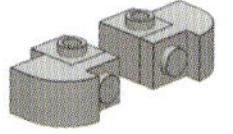

12

13

14

15

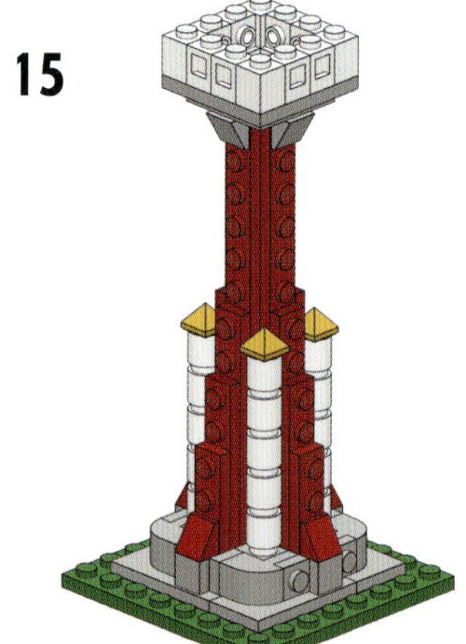

16

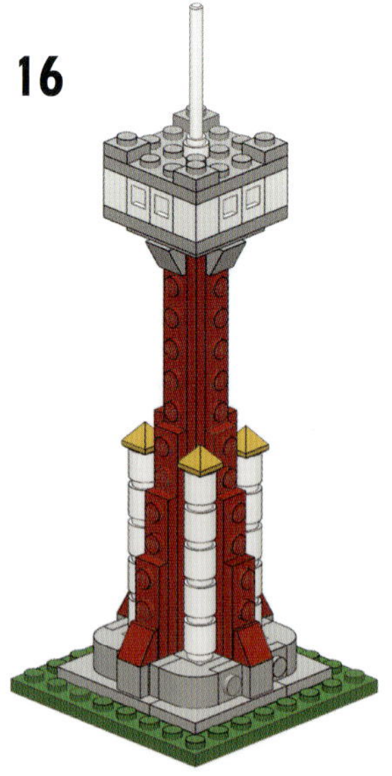

17

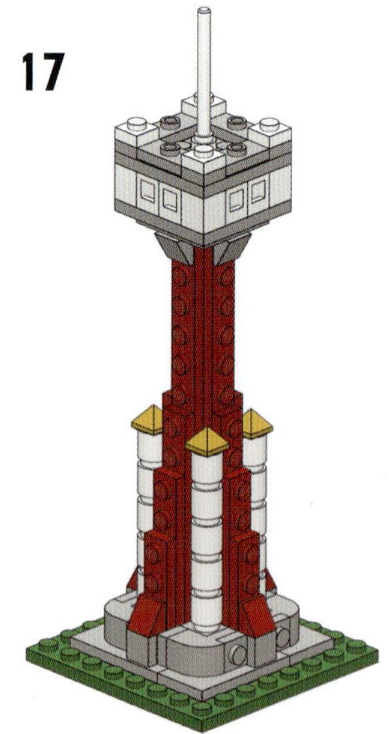

18

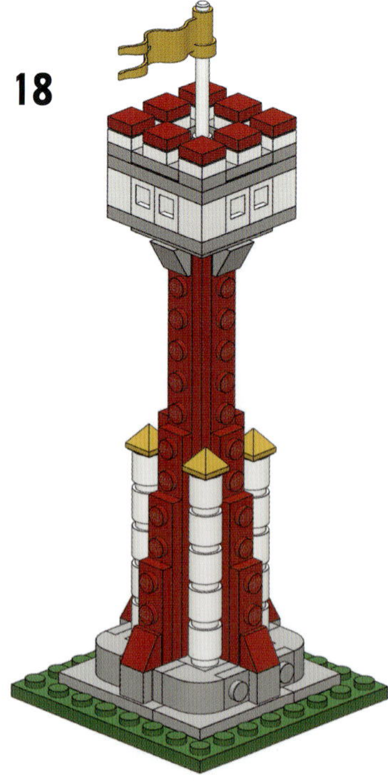

Zaubermühle

Die meisten Mühlen, deren Räder durch Wasser angetrieben werden, mahlen Getreide oder erzeugen Strom, doch diese Mühle besitzt Zauberkraft. Man muss sich nur etwas wünschen, wenn man das Rad dreht, und abwarten, was passiert. Die Achse besteht aus 1-x-1-Rundsteinen und 1-x-3-Bogensteinen darüber, damit sie sich frei drehen kann. Für das Mühlrad wurden 1-x-1-Steine mit seitlicher Noppe und 1-x-2-Schrägsteine verwendet.

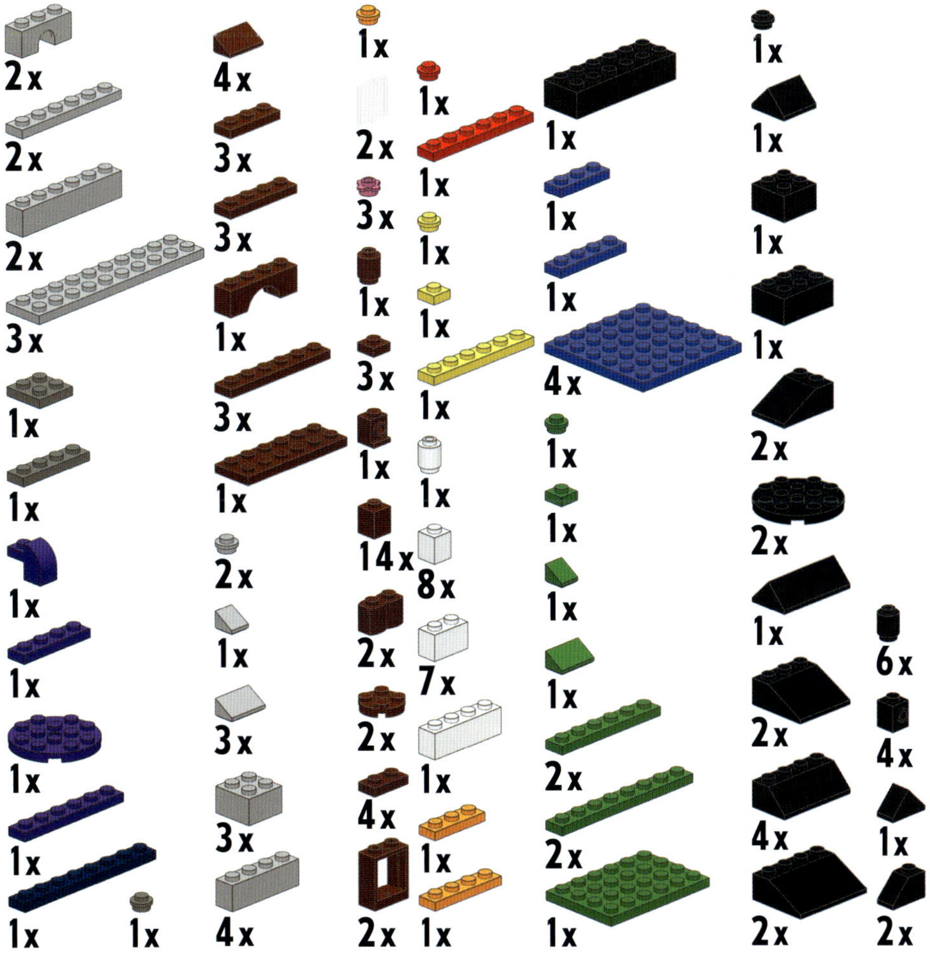

2x 2x 2x 3x 1x 1x 1x 1x 1x 1x 1x 1x

4x 3x 3x 1x 3x 1x 2x 1x 3x 3x 4x

1x 2x 3x 1x 3x 1x 14x 2x 2x 4x 2x

1x 1x 1x 1x 1x 1x 8x 7x 1x 1x 1x

1x 1x 1x 4x 1x 1x 1x 1x 2x 2x 1x

1x 1x 1x 1x 2x 2x 1x 2x 4x 2x

6x 4x 1x 2x

Zaubermühle

1

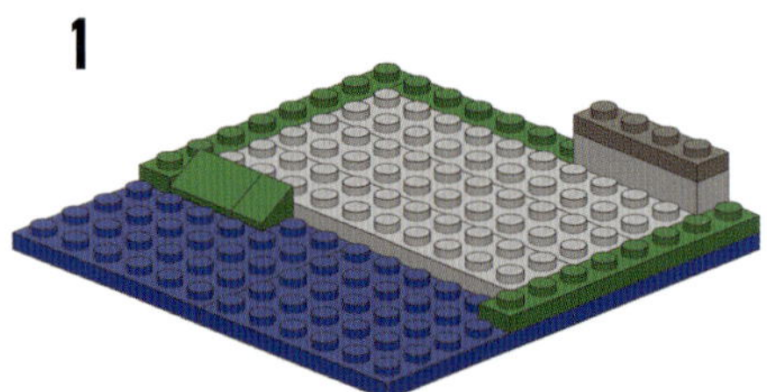

2

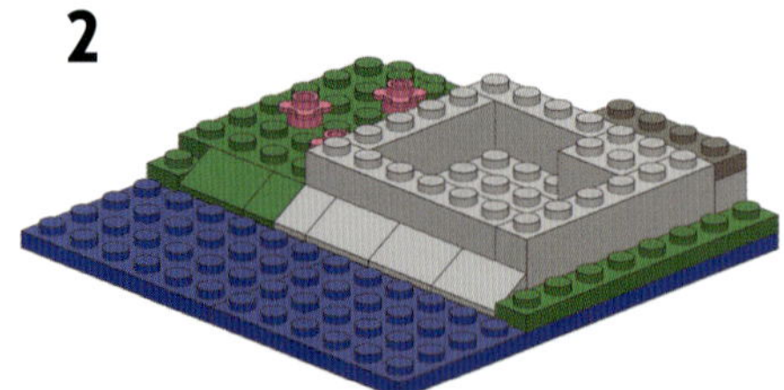

3

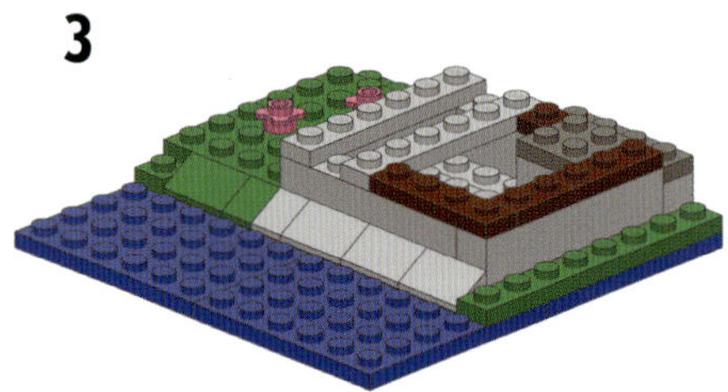

4

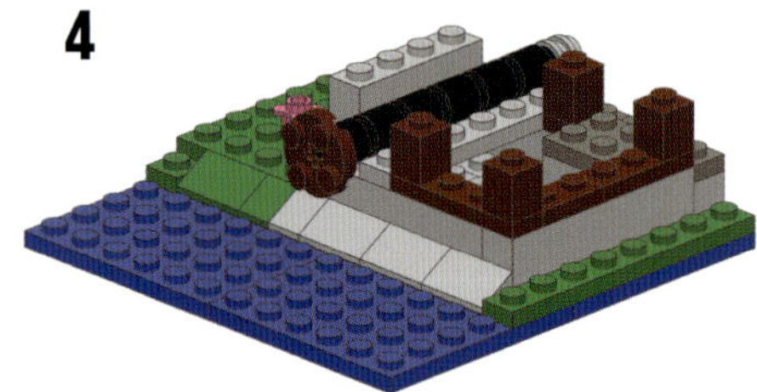

5

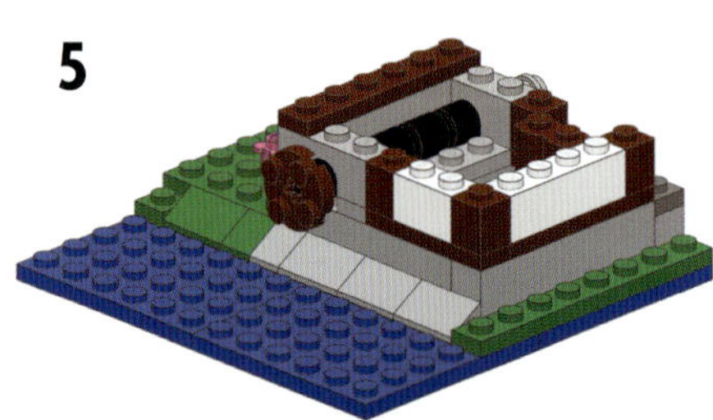

6

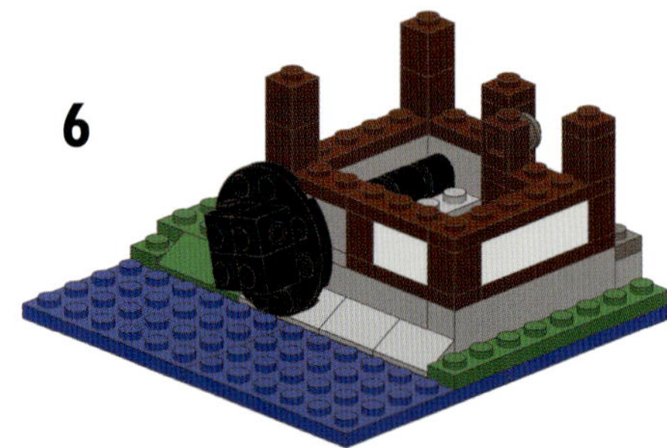

7

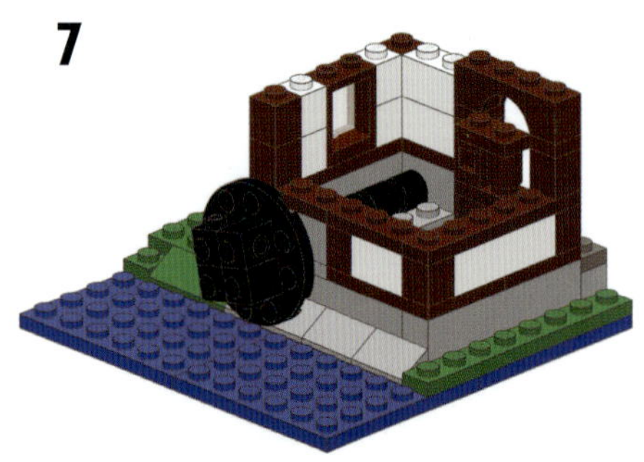

8

Zaubermühle

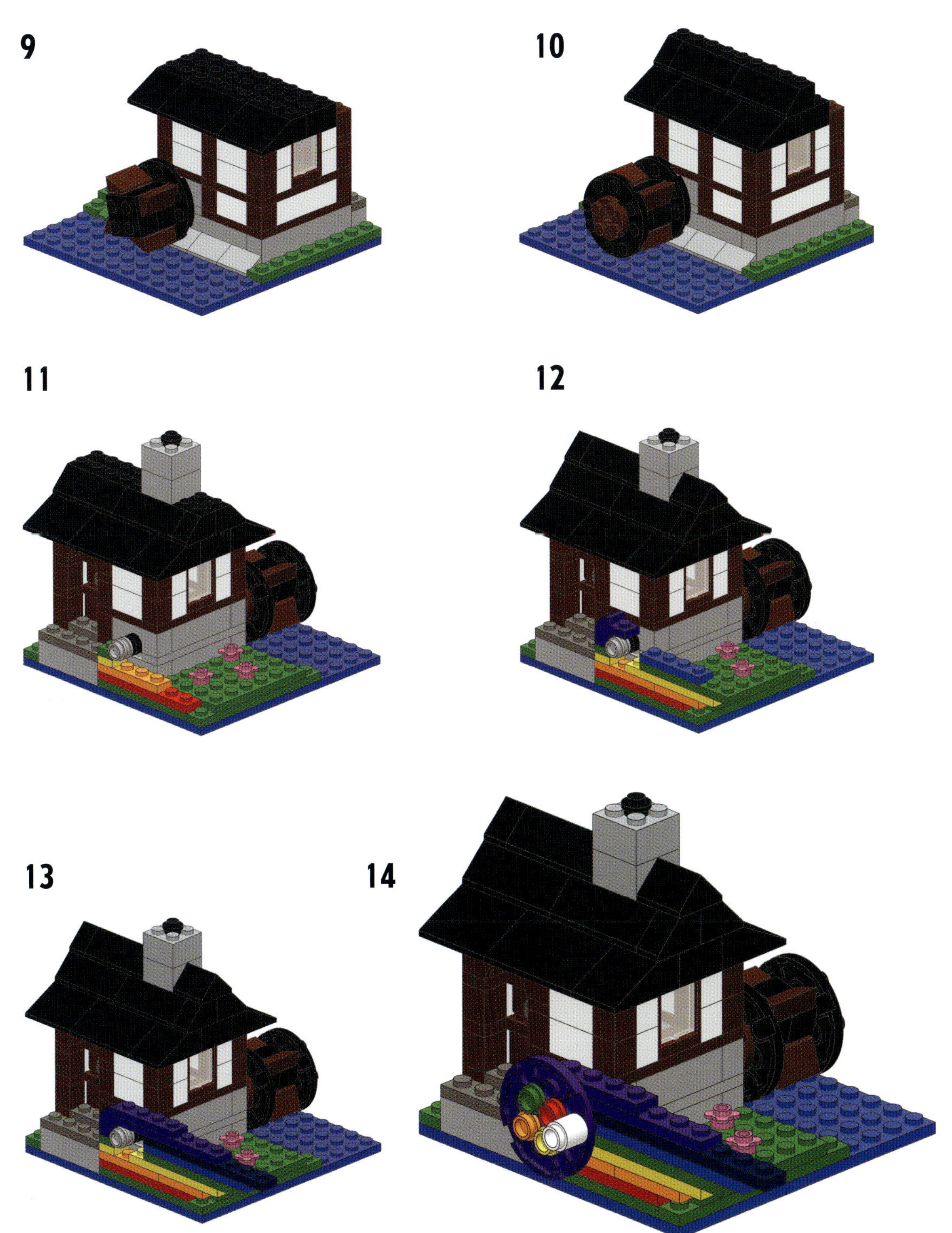

Obser-vatorium

Seit Anbeginn der Zeit ist der Mensch vom Anblick des nächtlichen Sternenhimmels fasziniert. Dabei haben sich nicht nur die Teleskope technisch weiterentwickelt, auch die Observatorien wurden immer aufwendiger gestaltet. Ihre Dächer sind meist kuppelförmig und können sich teilweise öffnen. Hier wurden dafür 3-x-3-x-2-Kuppelecksteine verwendet; ein Steckscharnier dazwischen hält das Teleskop beweglich.

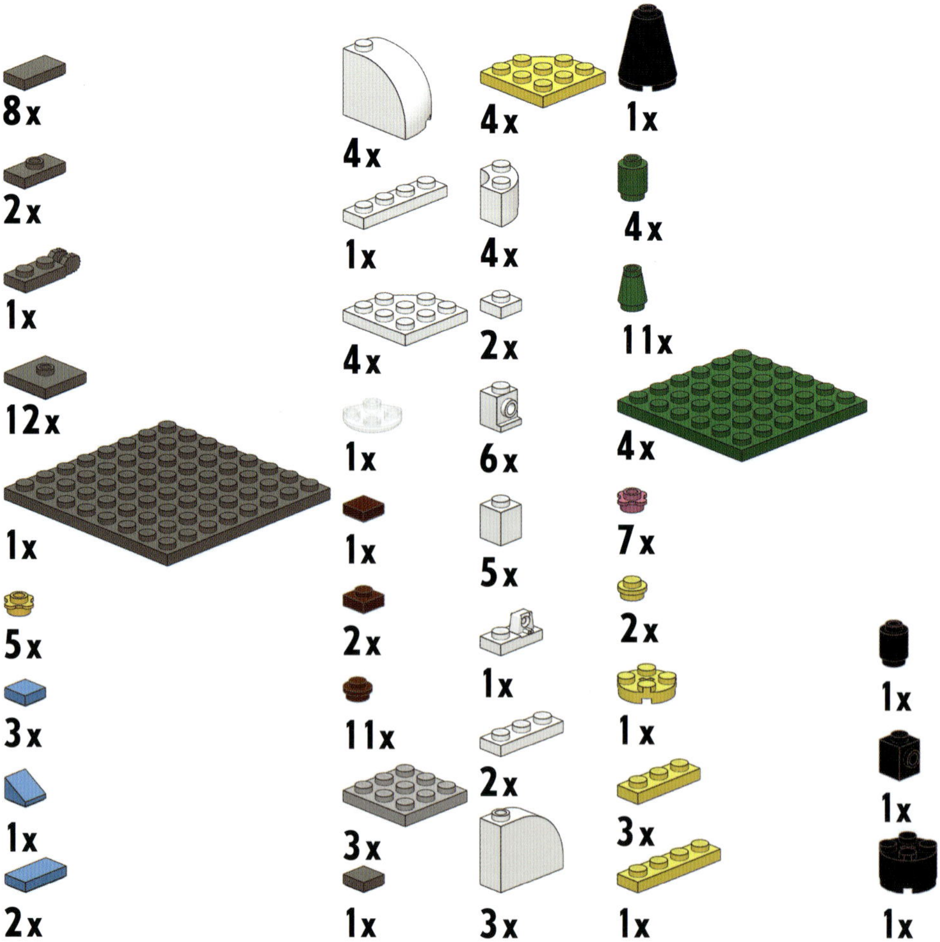

8x

2x

1x

12x

1x

5x

3x

1x

2x

4x

1x

4x

1x

1x

2x

11x

3x

1x

4x

4x

2x

6x

5x

1x

2x

3x

1x

4x

11x

4x

7x

2x

1x

3x

1x

1x

1x

1x

Observatorium

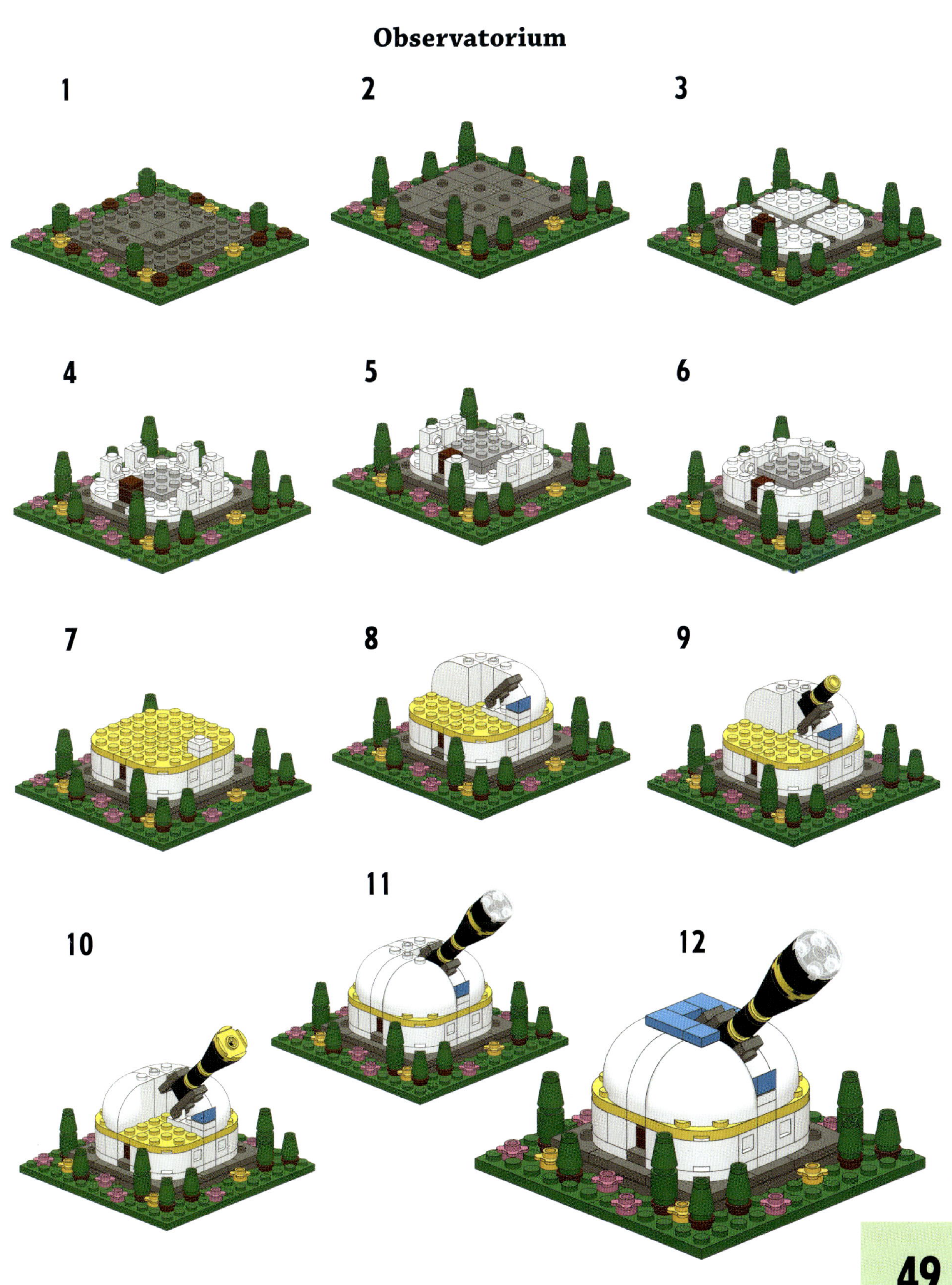

Iglu

In den nördlichen Polarregionen bauen sich die Menschen Iglus, um sich vor der eisigen Kälte zu schützen. Iglus bestehen aus Schneeblöcken, winzige Lufttaschen im Schnee dienen der Isolierung. Auch wenn draußen –45 °C herrschen, ist es drinnen 16 °C warm, was allein durch die Körperwärme der Bewohner zustande kommt. Versetzt angebrachte Platten mit Verbindungsstücken erwecken den Anschein, als sei das Gebäude an den Kanten abgerundet, ohne dass Bogen verwendet werden.

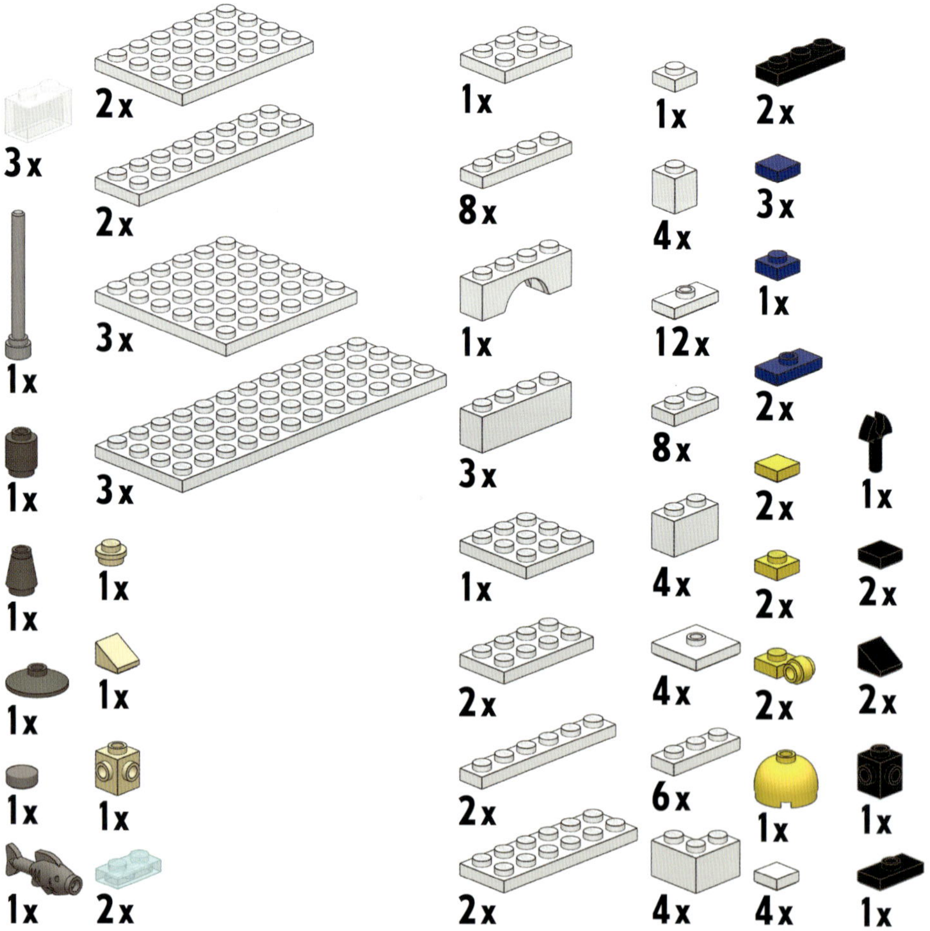

3x
1x
1x
1x
1x
1x
1x

2x
2x
3x
3x
1x
1x
1x
2x

1x
8x
1x
3x
1x
2x
2x
2x

1x
4x
12x
8x
4x
4x
6x
4x

2x
3x
1x
2x
2x
2x
2x
1x
4x

1x
2x
2x
1x
1x

Iglu

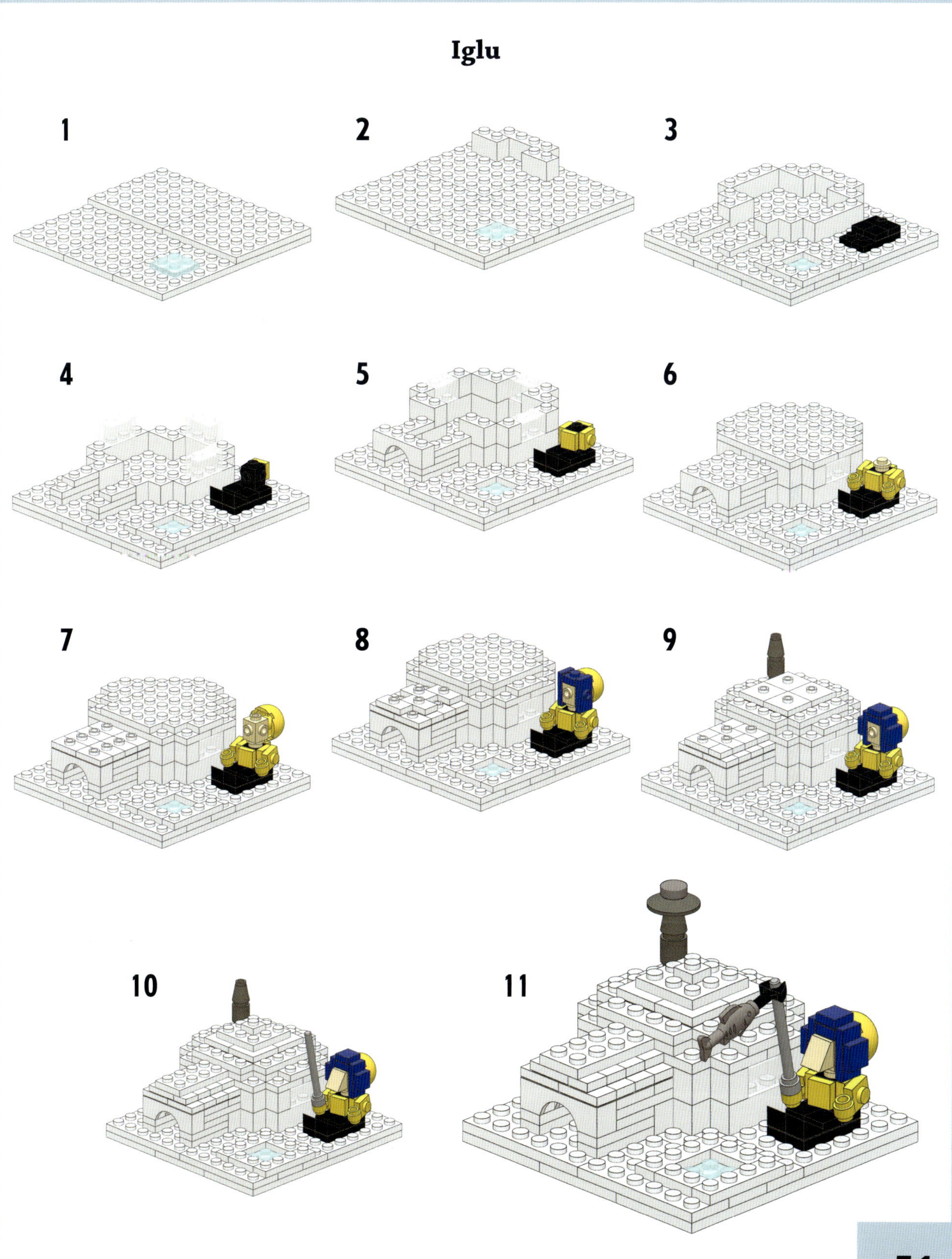

Schuhhaus

Es war einmal eine alte Frau, die in einem Schuh wohnte ... warum also nicht ihrem Beispiel folgen und einen Schuh in ein Zuhause verwandeln? Die Schnürsenkel bestehen aus modifizierten Fliesen mit Rillen, ihre Enden aus einem umgedrehten Horn. Die charakteristische Form des Schuhs kommt durch inverse 2-x-3-Schrägsteine – die Schräge vor dem Absatz – und einen 4-x-3-Keilschrägstein für die Schuhspitze zustande.

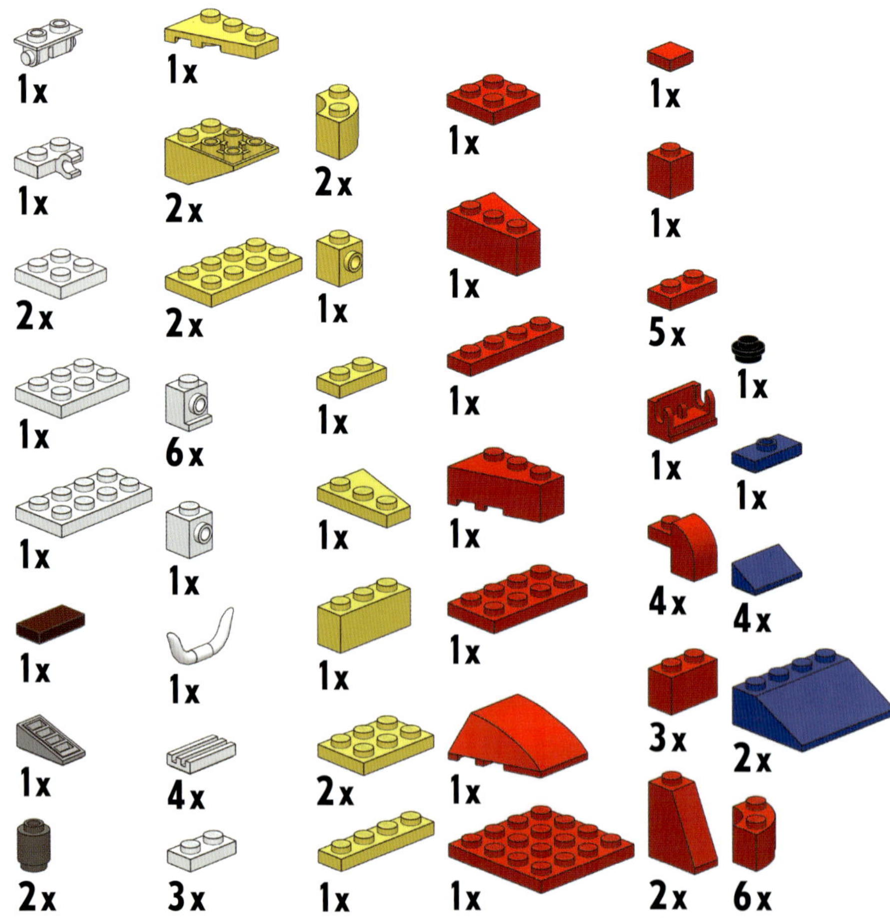

Schuhhaus

1

2

3

4

5

6

7

8

9

10

11

12

Pfahlhaus

Häuser werden nicht nur auf Stelzen erbaut, damit sie nicht überschwemmt werden (siehe S. 38), sie werden in heißen Ländern auch auf Pfählen errichtet, damit die Luft unter dem Haus zirkulieren kann und das Haus so kühl hält. Außerdem erschweren die Pfähle es Mäusen und Ratten, in das Haus zu gelangen. Die beiden Orangeschattierungen, die für das Dach verwendet werden, lassen es wie ein altes Blechdach wirken.

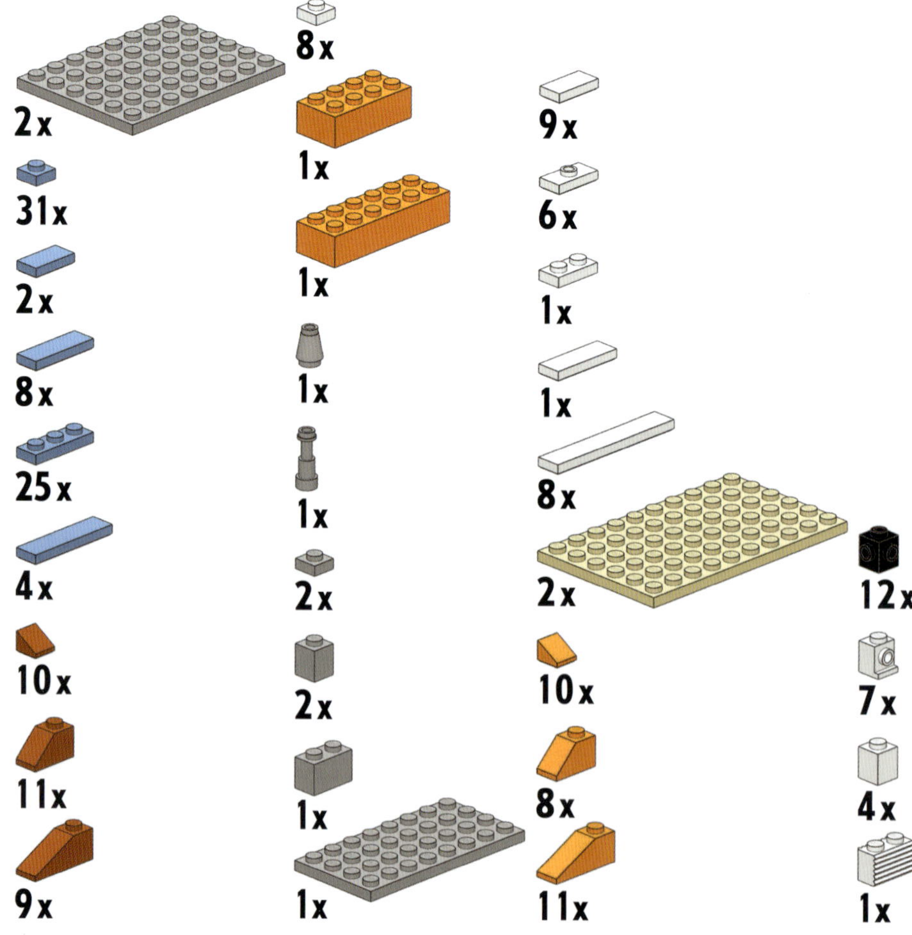

Pfahlhaus

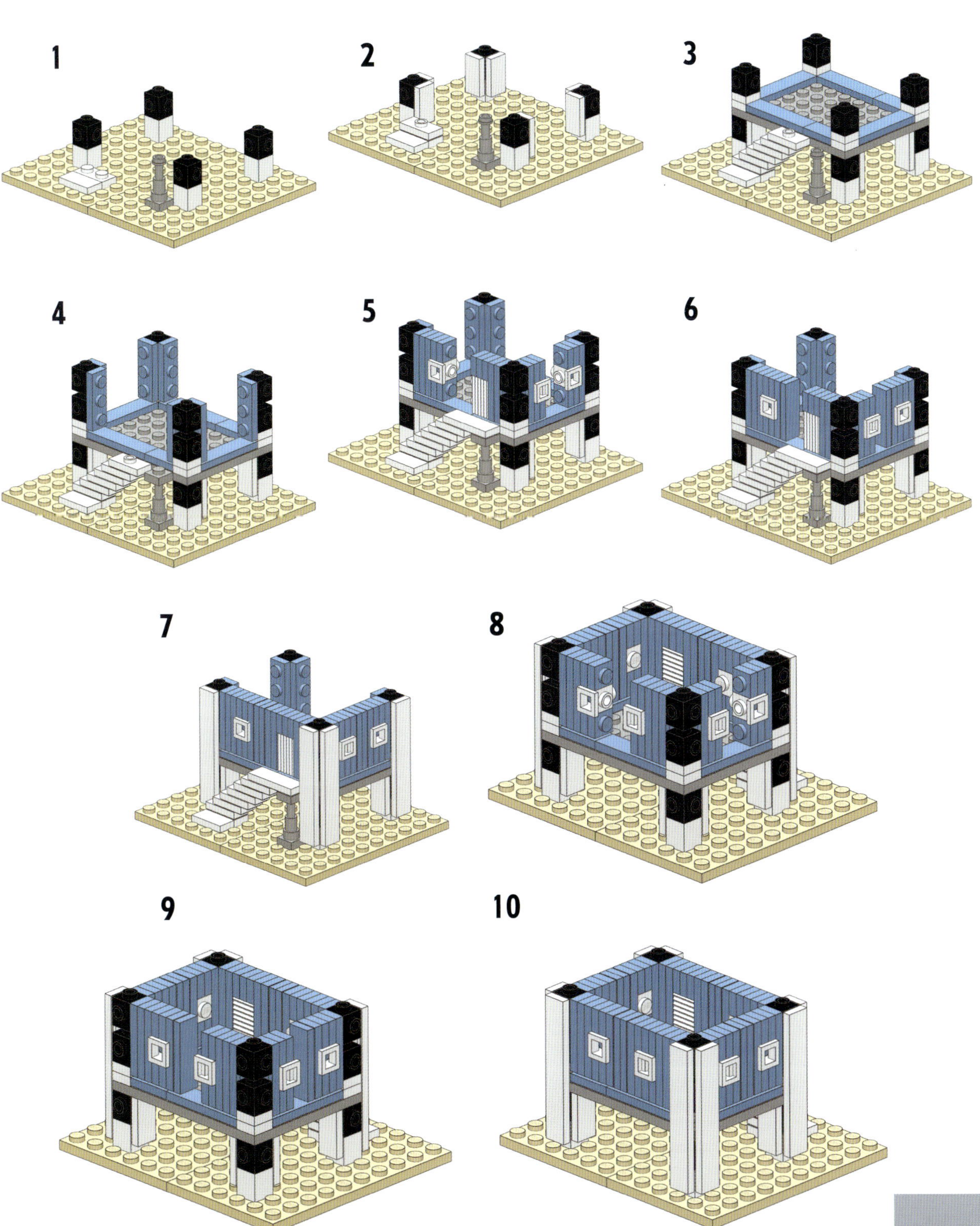

Pfahlhaus

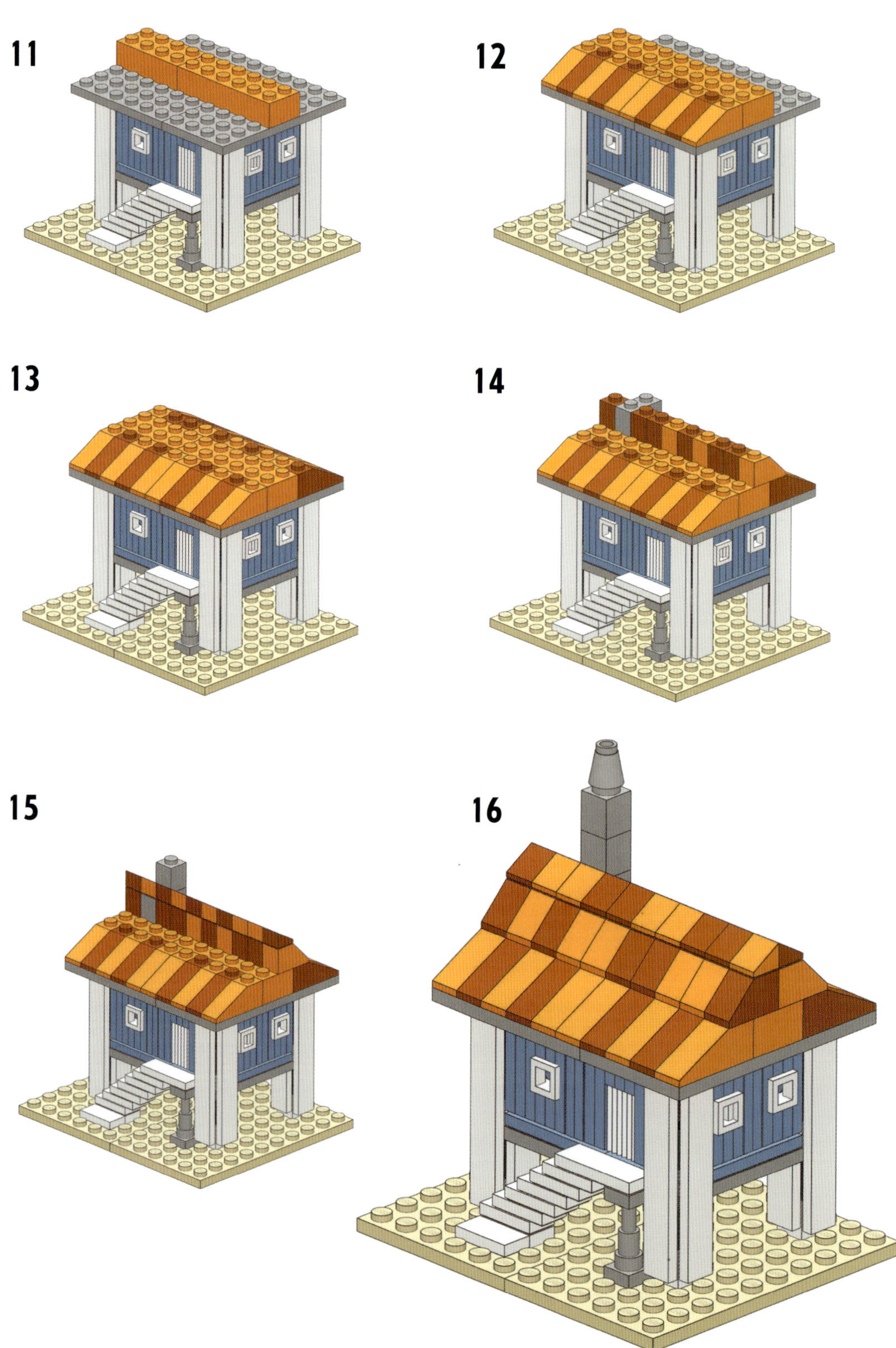

Alter Schuppen

Mit den Löchern im Dach und den vernagelten Fenstern ist dies ein sehr alter und baufälliger Schuppen. Sind sie den Elementen wie Wind und Regen schutzlos ausgesetzt, verfallen Gebäude allmählich, bis sie sich kaum noch aufrecht halten können. Der Eindruck der Löcher im Dach kommt durch schwarze Platten unter den losen Ziegeln zustande, die verschiedenen Farben der 1-x-2-Fliesen deuten Flickwerk an.

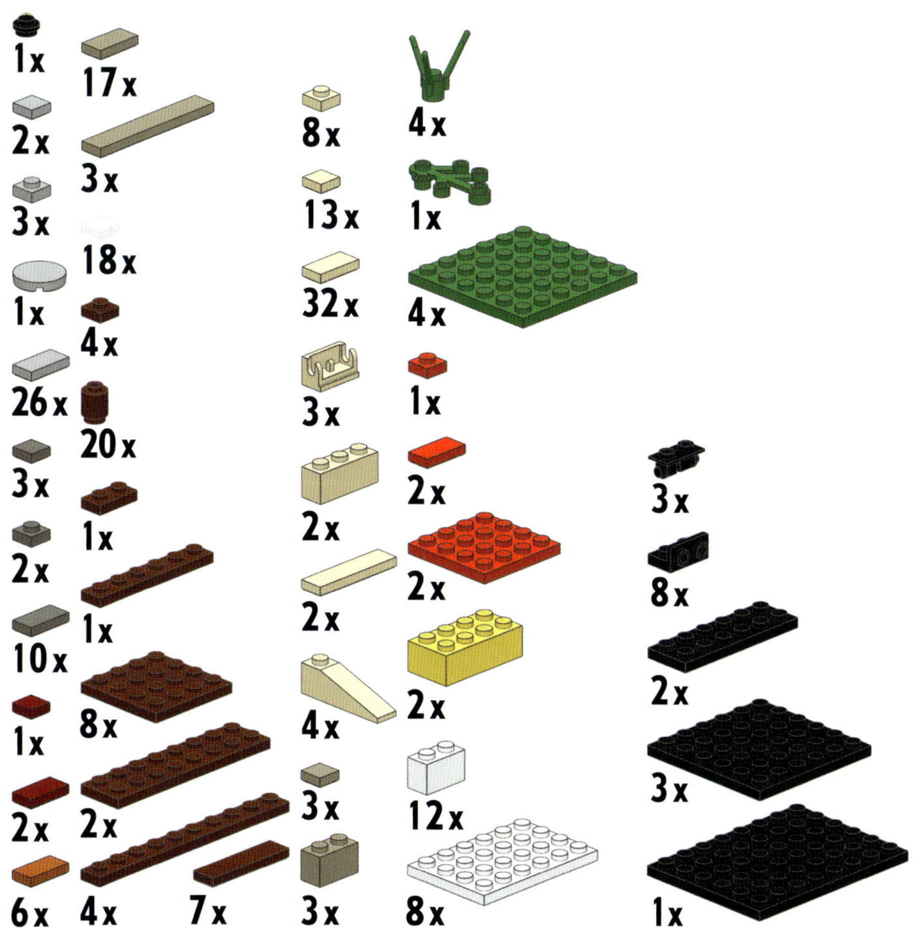

Alter Schuppen

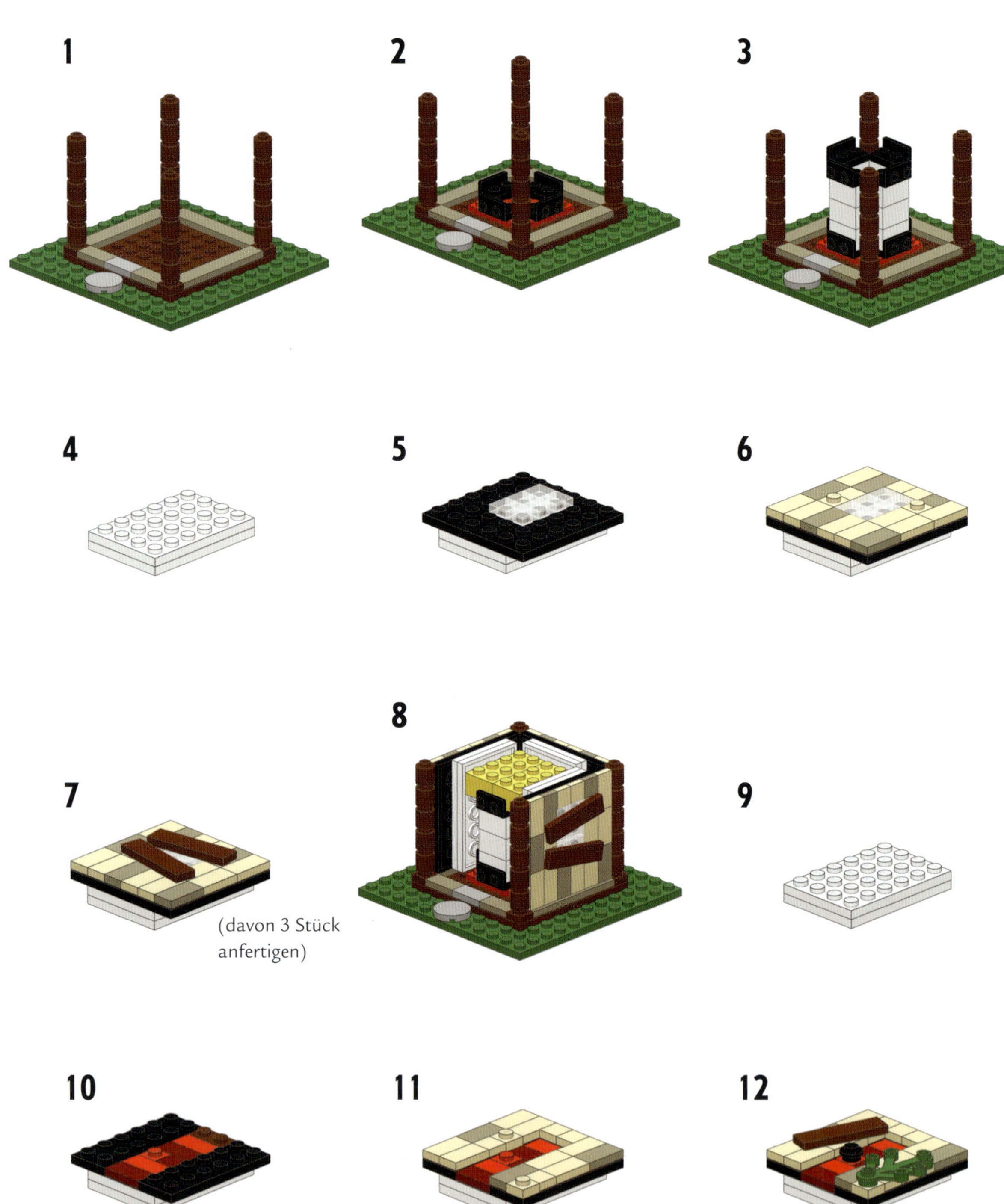

Alter Schuppen

13

14

15

16

17

18

Rundhaus

Vor vielen, vielen Jahren lebten die Menschen überall in Europa in Rundhäusern. Die Häuser waren schlicht und robust gebaut, meist aus aneinandergefügten Stein- oder Holzpfosten, die von einem kegelförmigen Grasdach überragt wurden. Seine Form erhält dieses Haus durch abgerundete 2-x-2-Rundsteine, sogenannte Macaroni-Steine. Das Dach besteht aus verschiedenen Viertelkreisplatten.

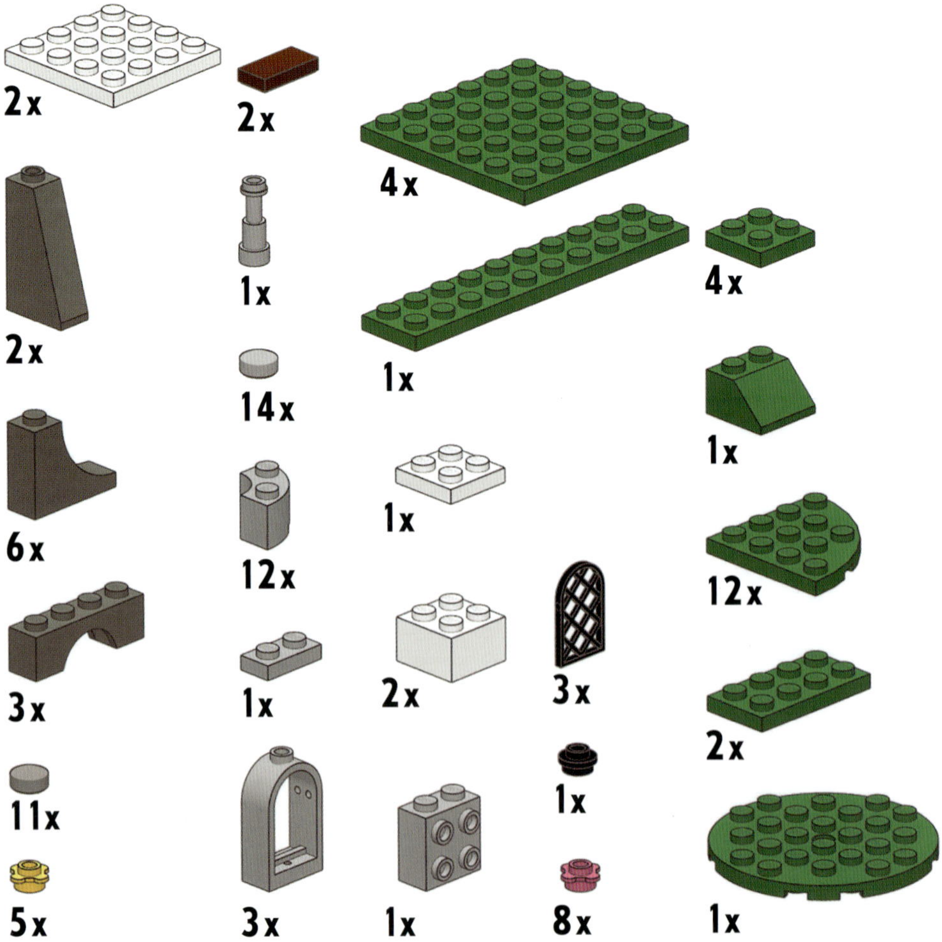

2x
2x
6x
3x
11x
5x

2x
1x
14x
12x
1x
3x

4x
1x
1x
2x
1x

3x
1x
8x

4x
1x
12x
2x
1x

Rundhaus

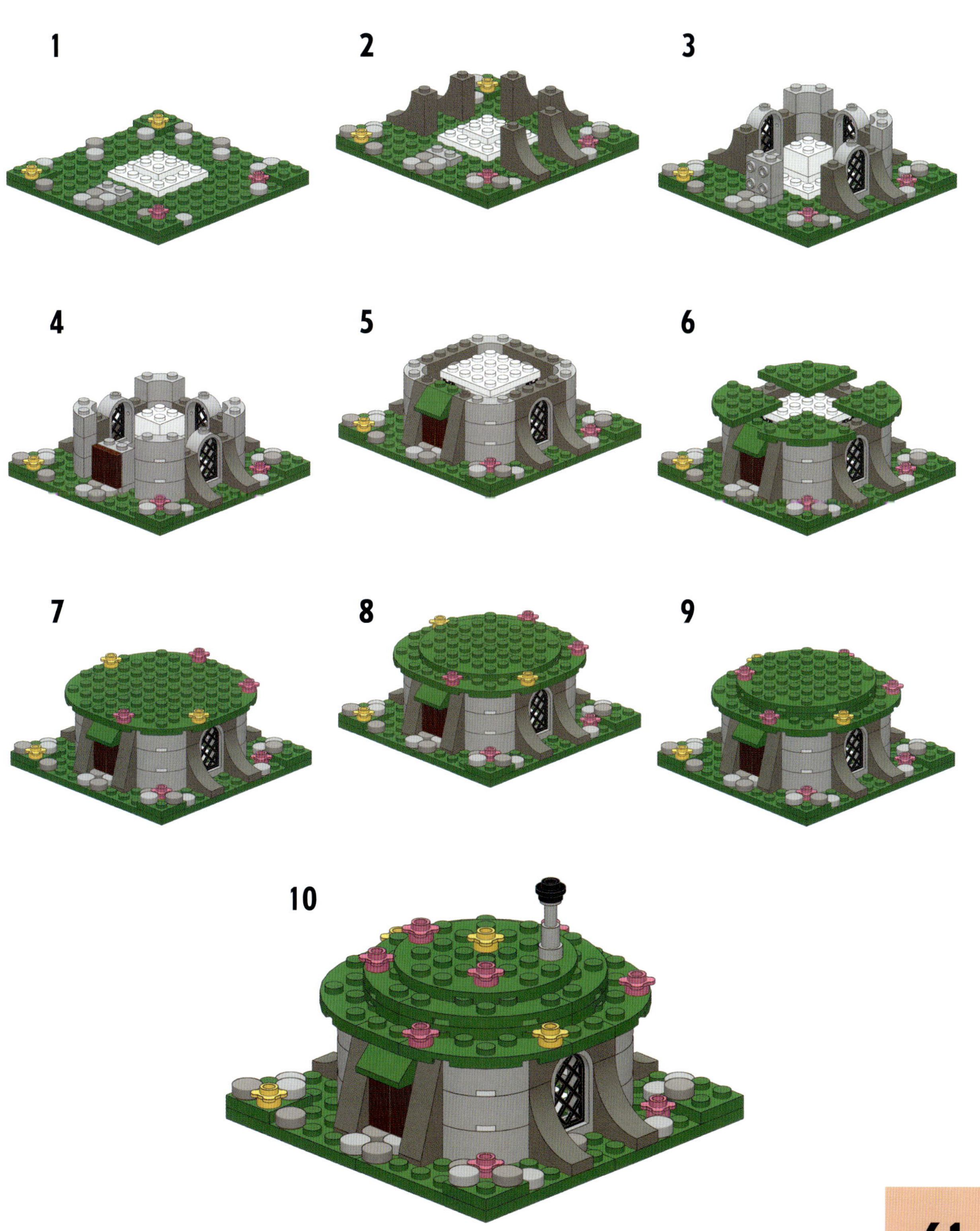

Schatzturm

Vor langer Zeit, als noch fremde Armeen in Länder eindrangen und plünderten, brauchten die Menschen einen sicheren Ort, an dem sie ihre Schätze verstecken konnten. Dafür errichteten sie ausgesprochen wehrhafte Türme, meist im Herzen einer Burg. Die typischen Schießscharten am Fuß dieses Schatzturms bestehen aus beigefarbenen 1-x-1-Fliesen, die mit der schmalen Seite nach vorn weisen, für das vergitterte Fenster oben wurde ein schwarzer 4-x-2-Zaun auf Verbindungssteinen verwendet.

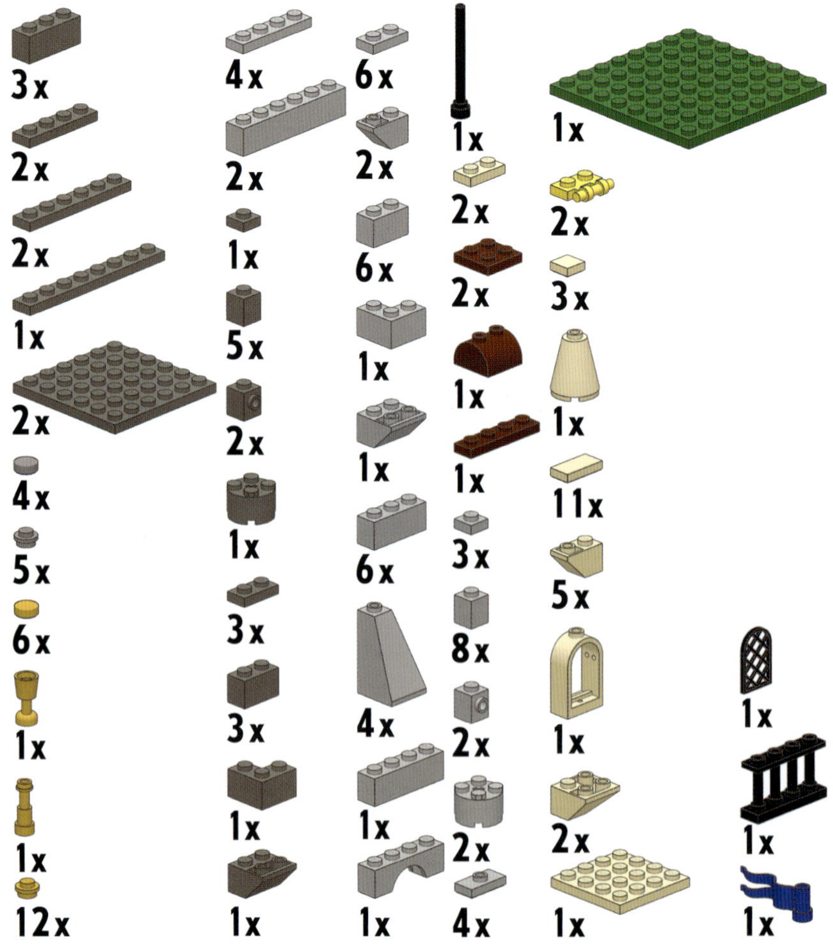

Schatzturm

1

2

3

4

5

6

7

8

9

10

11

12

Kunterbunter Wagen

Als sich die Menschen im 19. Jahrhundert in Amerika auf den Weg in den Wilden Westen machten, reisten sie in Planwagen. Nach der Entwicklung des Motors kombinierten manche ihre traditionellen Wagen mit dieser modernen Erfindung, was zu einigen interessanten Modellen führte. Die leuchtenden Farben dieses Modells tragen zu seiner Verschrobenheit bei. Die großen Räder bestehen aus 4-x-4-Rundplatten, die an 2-x-2-Rundplatten befestigt sind.

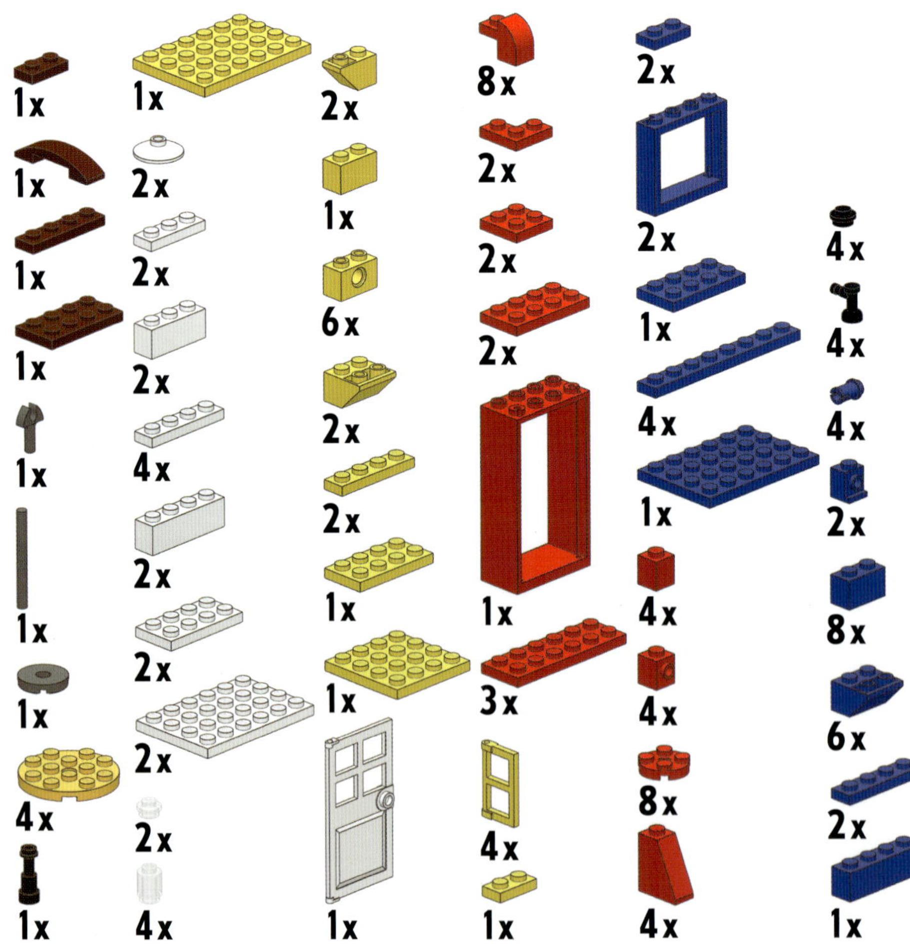

Kunterbunter Wagen

Trollhöhle

In Märchen sind es meist die Bösewichte und Räuber, die in Höhlen leben; sie dienten auch als Inspiration für den Troll dieses Modells. Die inversen Schrägsteine stützen das Dach, ohne die Wohnfläche zu verkleinern. Der Tierschädel am Eingang besteht aus zwei Krallen und einem Bogenstein, der mit einem »Headlight«-Stein an der Höhle befestigt ist.

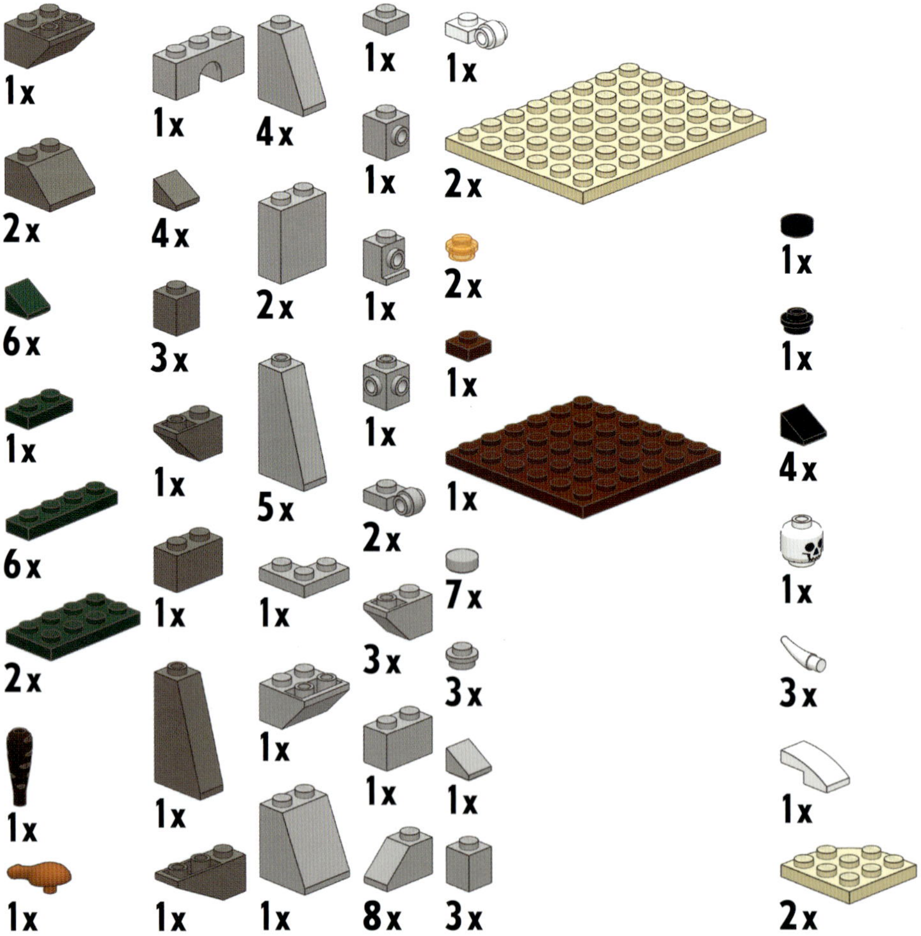

1x 2x 6x 1x 6x 2x 1x 1x

1x 4x 3x 1x 1x 1x 1x

4x 2x 5x 1x 1x 1x

1x 1x 1x 1x 2x 3x 1x 8x

1x 2x 2x 1x 1x 7x 3x 1x 3x

1x 1x 4x 1x 3x 1x 2x

Trollhöhle

1

2

3

4

5

6

7

8

9

11

12

10

Leuchtturm

Die Leuchttürme an den Küsten haben schon viele Schiffe davor bewahrt, an felsigen Ufern zu zerschellen. Heute werden sie zwar meist automatisch betrieben, früher aber gab es einen Leuchtturmwärter, der in einem kleinen Haus am Turm wohnte. Sein unverwechselbares Äußeres verleihen dem Gebäude 2-x-2-Rundsteine mit Loch in der Mitte; darauf ruht ein umgedrehter großer Kegelstein, der das Lampenhaus trägt.

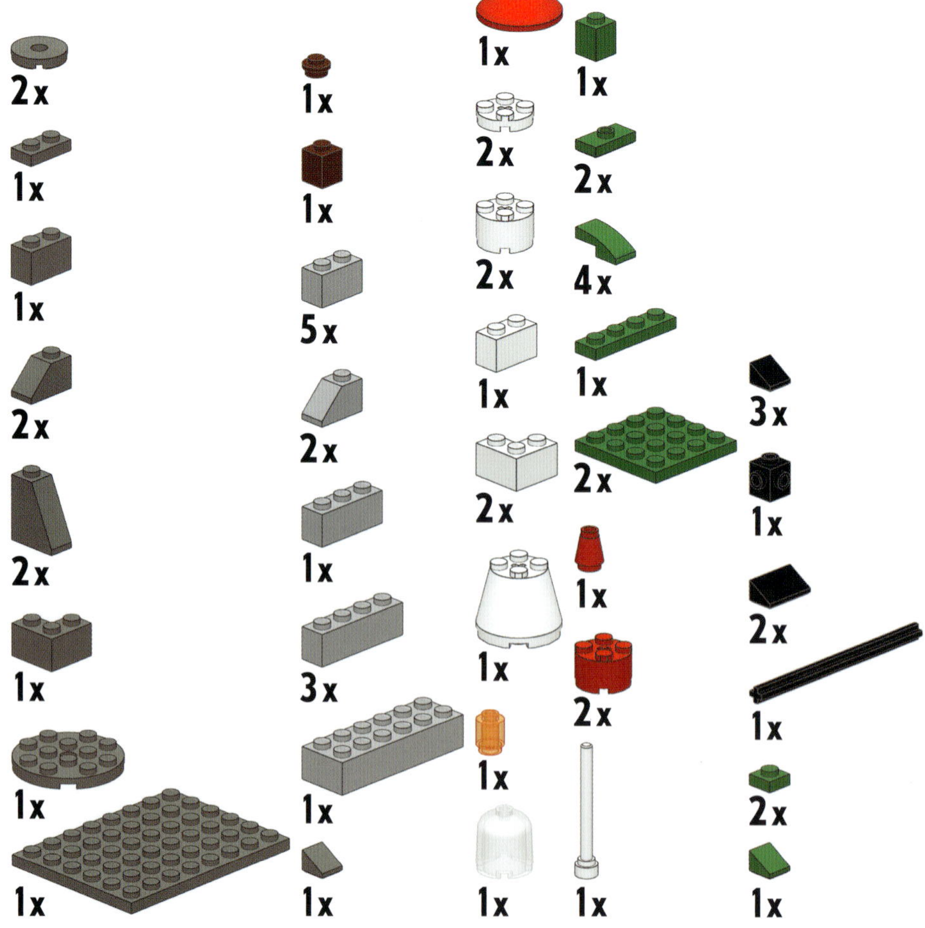

Leuchtturm

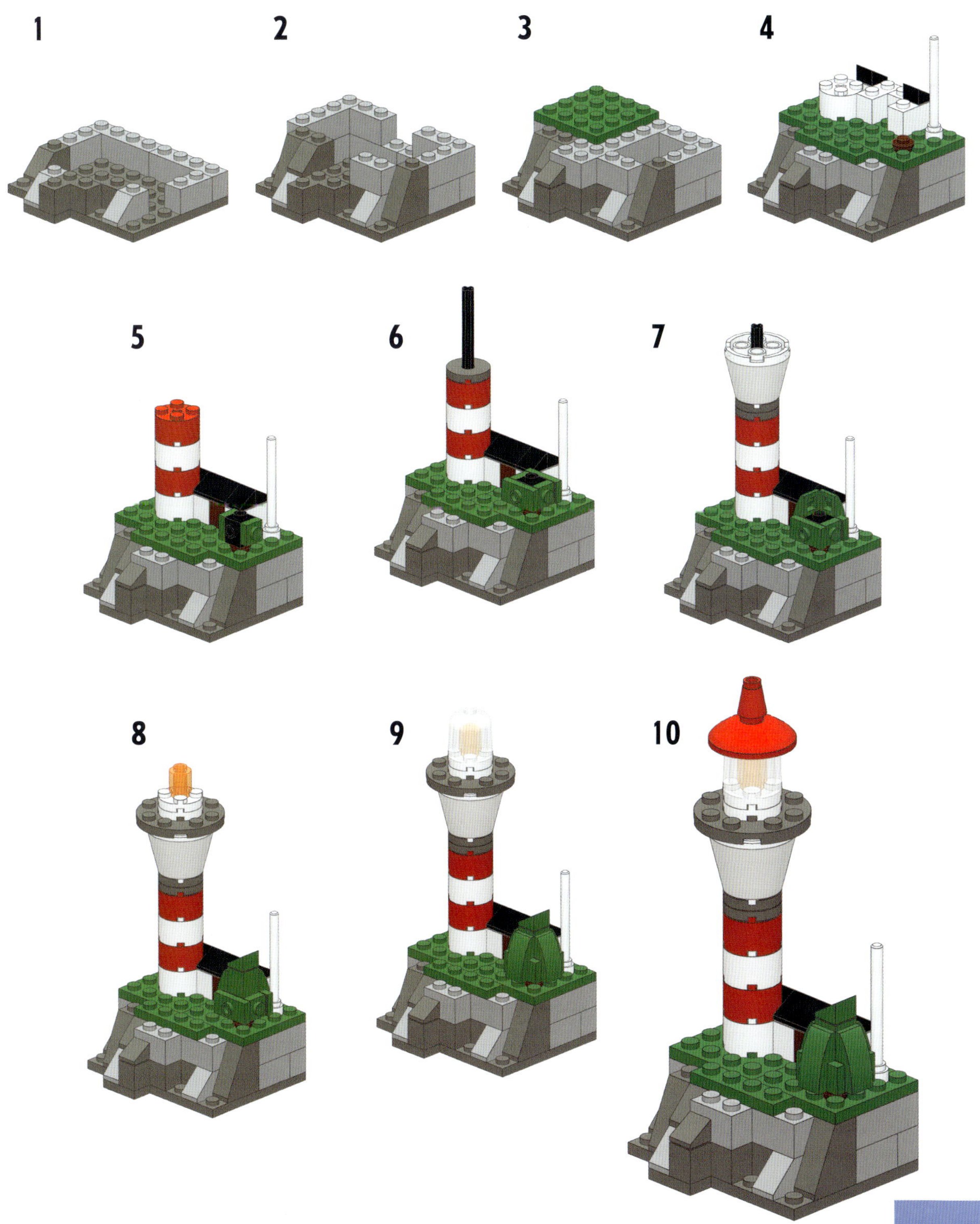

Riesen-Eihaus

In einem riesigen Ei zu wohnen, wäre sicherlich schön und gemütlich. Die Form eignet sich ideal für zwei Stockwerke mit wunderbarer Aussicht. Damit das Ganze eiförmig wirkt, ist die unterste Ebene weniger steil gerundet als die oberen Ebenen. Die hübschen Blumenkästen vor den Fenstern bestehen aus Zaunstücken, doch wer keine zur Hand hat, kann auch Blumen verwenden.

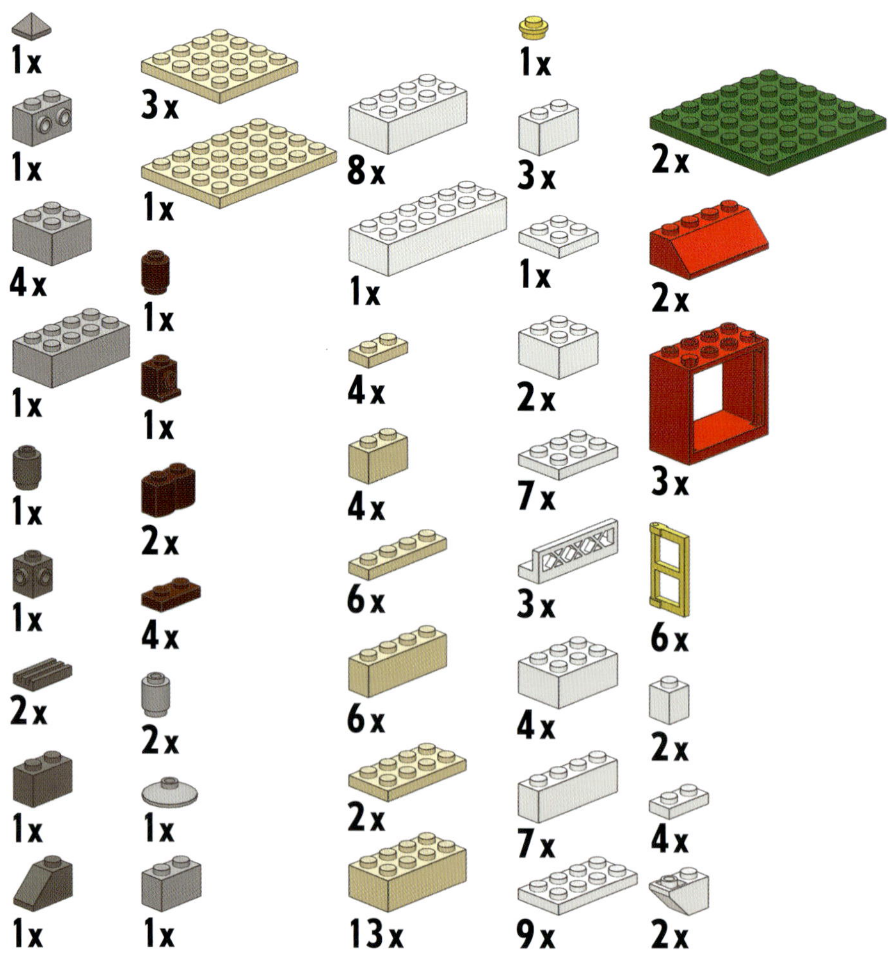

Riesen-Eihaus

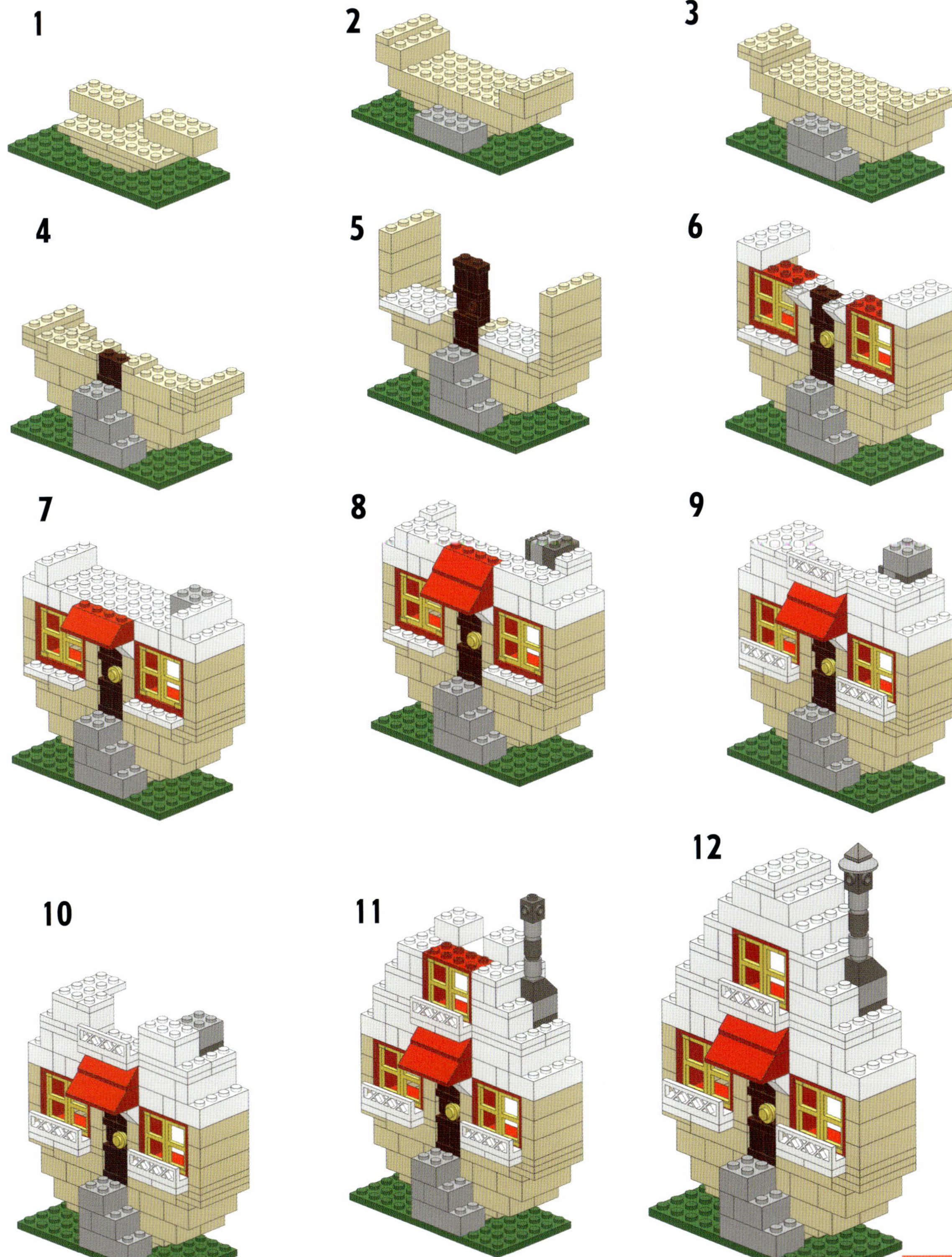

Drachen-höhle

Es gibt unzählige Geschichten über Drachen, die in versteckten Höhlen leben, wo sie ihre kostbaren Gold- und Silberschätze hüten. Meist liegen diese Höhlen sehr abgeschieden, etwa tief im Wald. Diese Drachenhöhle besteht aus den Ruinen eines alten Gebäudes. Die Schatzkiste verfügt über 1-x-2-Scharniersteine und kann geöffnet werden. Goldene und silberne 1-x-1-Fliesen eignen sich hervorragend als Münzen.

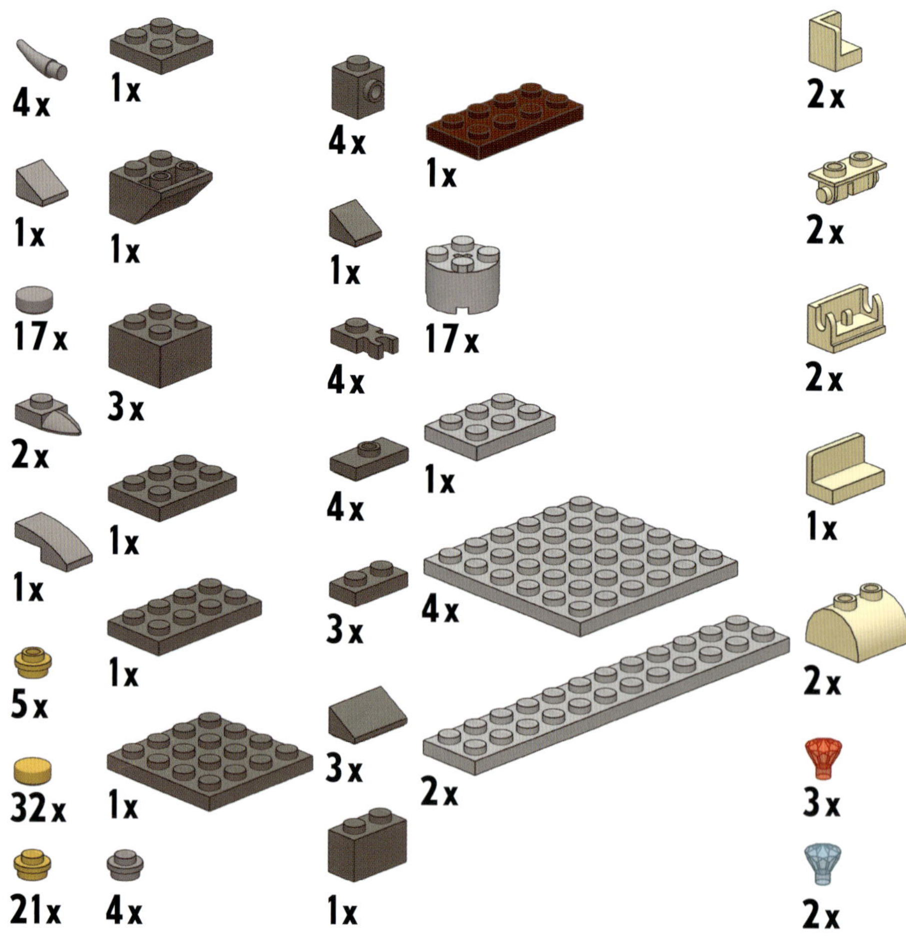

Drachenhöhle

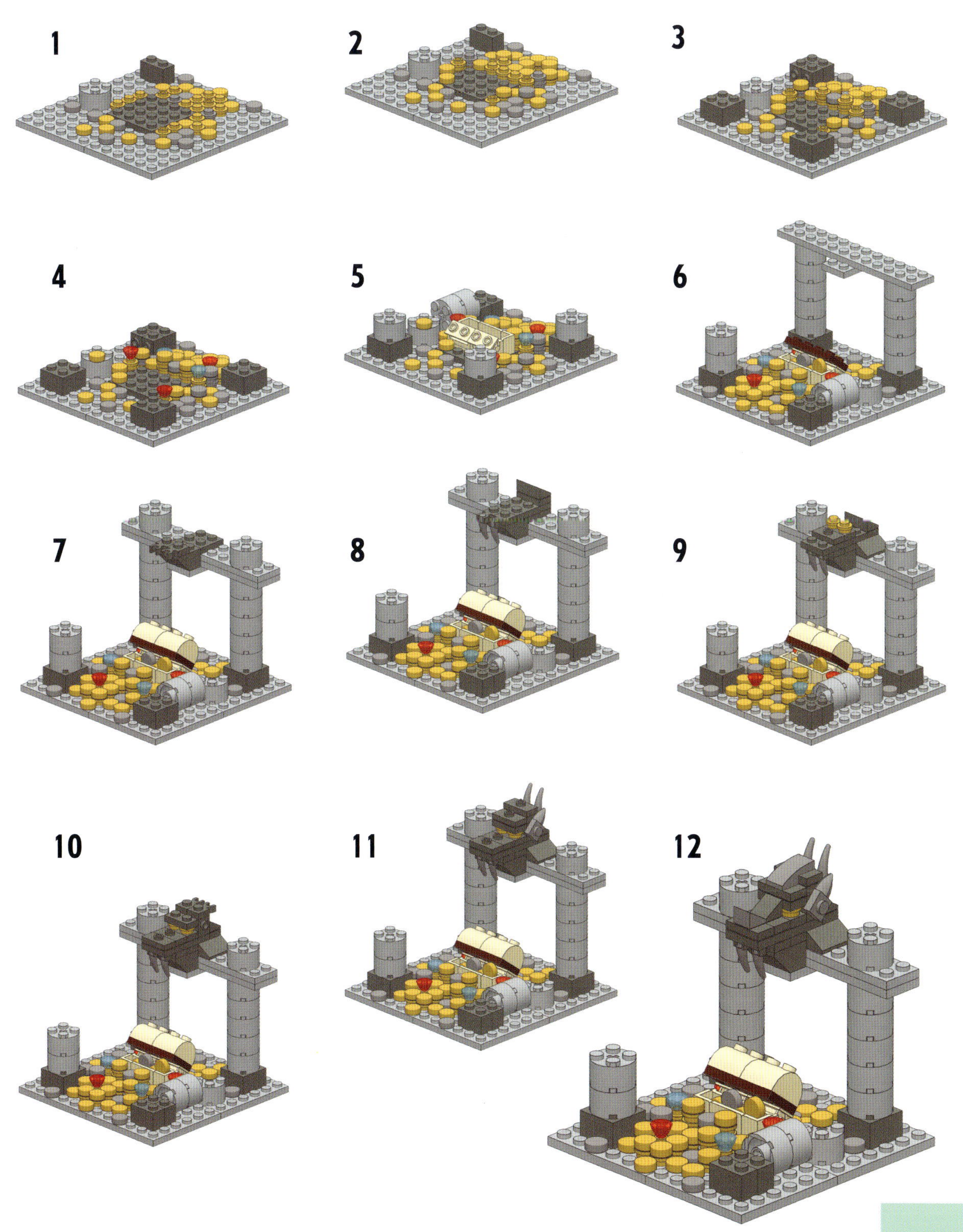

Berg-festung

Hoch oben zwischen den Felsspalten eines Berges liegt diese Festung mit ihren hohen Mauern und einem gewundenen Pfad, der zum Haupteingang führt. Solche Festungen wurden meist auf einem soliden Felsvorsprung erbaut und ließen sich gut verteidigen, da sie über die steilen Abhänge nur schwer zugänglich waren. Die Felslandschaft besteht aus Schrägsteinen verschiedener Größe.

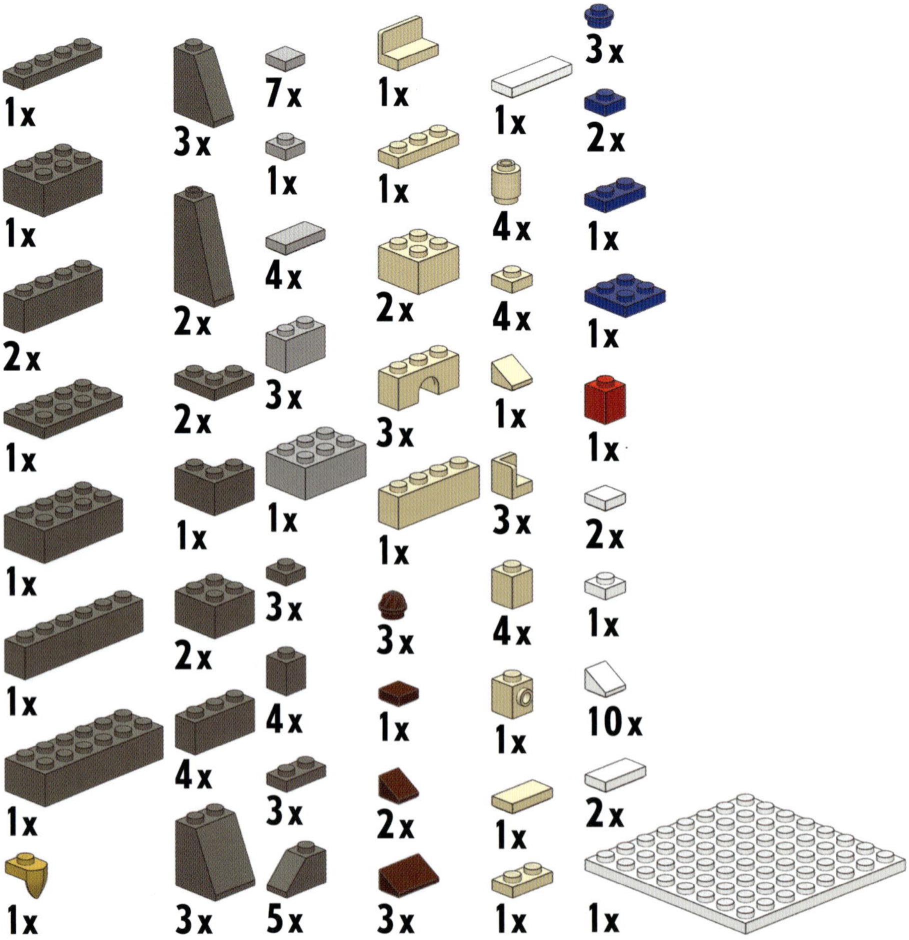

1x 1x 2x 1x 1x 1x 1x 1x

3x 2x 2x 1x 2x 4x 3x

7x 1x 4x 3x 1x 3x 4x 3x 5x

1x 1x 2x 3x 1x 3x 1x 2x 3x

1x 4x 4x 1x 3x 4x 1x 1x 1x

3x 2x 1x 1x 1x 2x 1x 10x 2x 1x

Bergfestung

1

2

3

4

5

6

7

8

9

10

11

12

Palmen-Versteck

Wie herrlich wäre es, nicht nur in den Ferien, sondern das ganze Jahr über am Strand zu sein! Dann könnte man immer dem sanften Rauschen des Meeres lauschen. Viele Bewohner der tropischen Küsten bauen ihre Dächer aus Palmblättern, die sie vor dem tropischen Regen schützen. Hier bestehen die Palmblätter aus Bogensteinen. Für die niedrigen Mauern wurden geriffelte Fliesen und umgedrehte Minifiguren-Nackenhalter verwendet.

1x

1x

2x

1x

2x

2x

8x

2x

4x

1x

3x

1x

4x

2x

6x

6x

18x

1x

4x

2x

1x

1x

5x

1x

3x

1x

1x

2x

2x

2x

8x

Tropisches Versteck

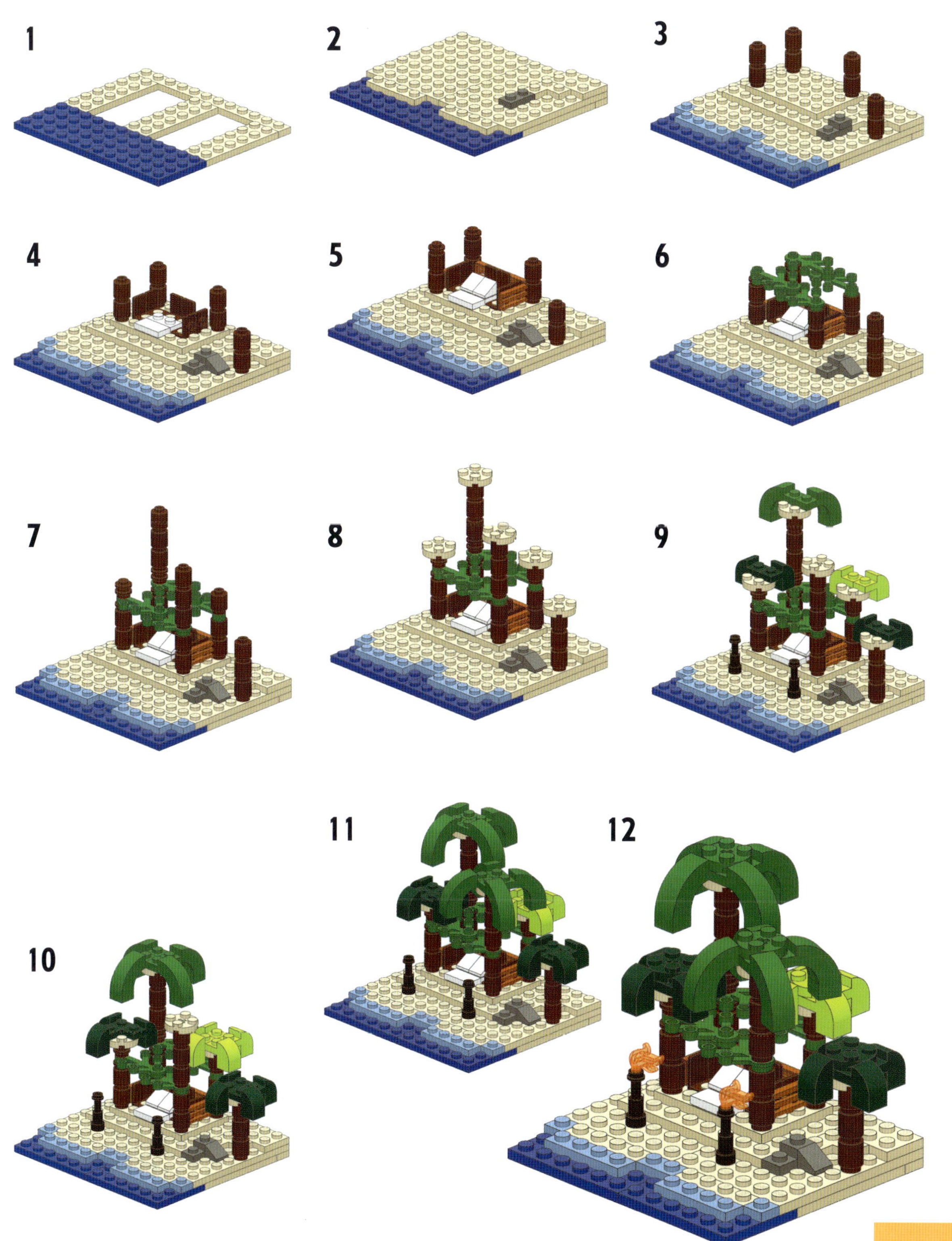

Glashaus

Warum eine großartige Aussicht durch Mauern verbauen, wenn man statt Steinen auch Glas verwenden kann? Es gibt tatsächlich Häuser, deren Wände fast ausschließlich aus Glas bestehen; so hat man beinahe das Gefühl, in einem Garten zu wohnen. Dieses Modell geht noch einen Schritt weiter: Hier besteht das ganze Gebäude aus transparenten Steinen. Manche sind weiß, und manche sind hellblau, um dem Ganzen auch etwas Farbe zu verleihen.

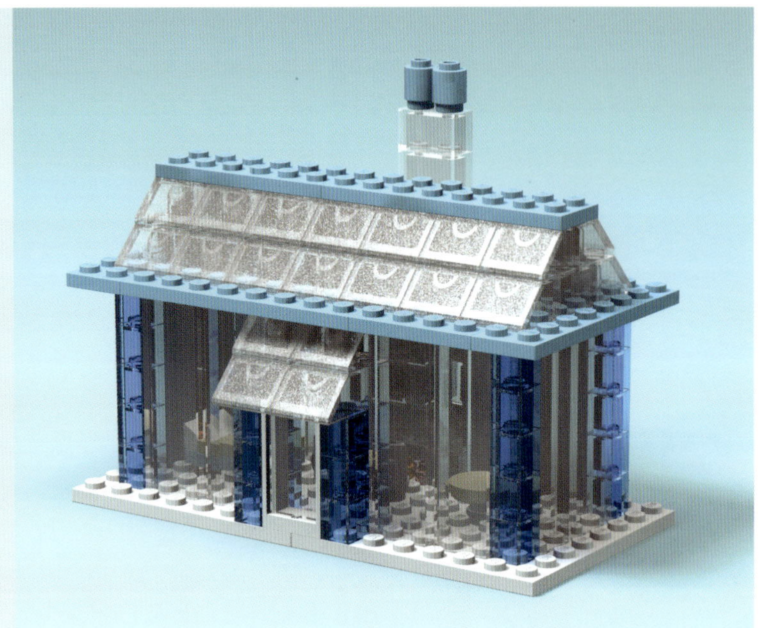

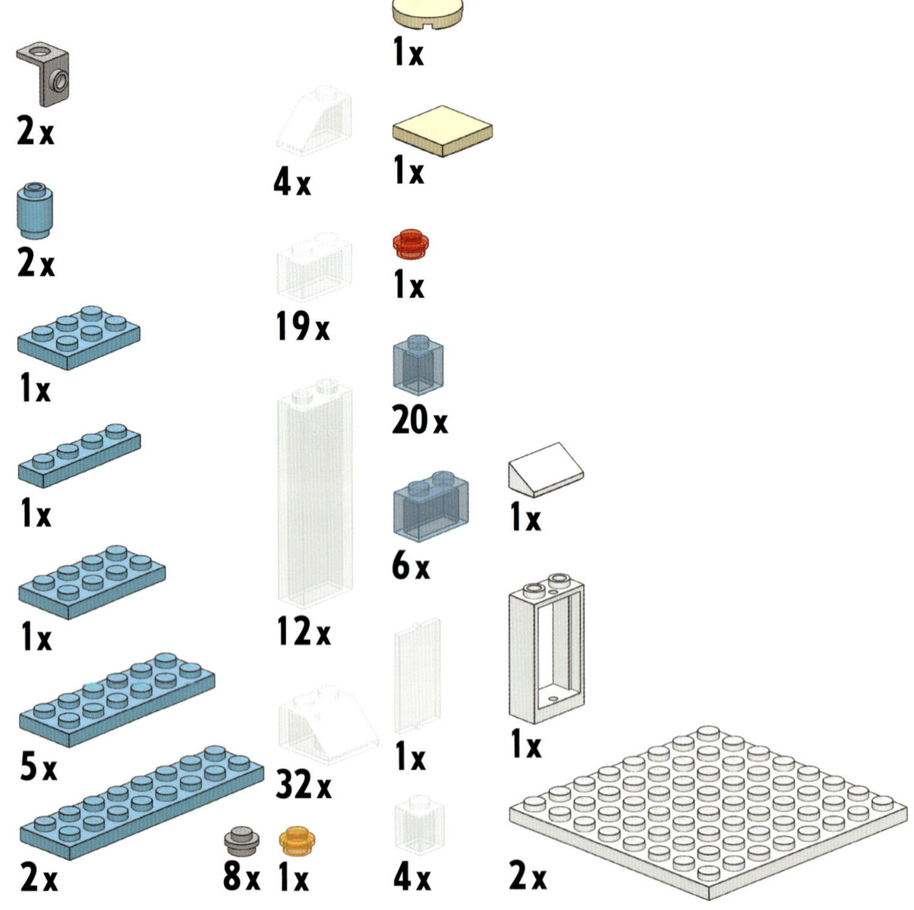

Glashaus

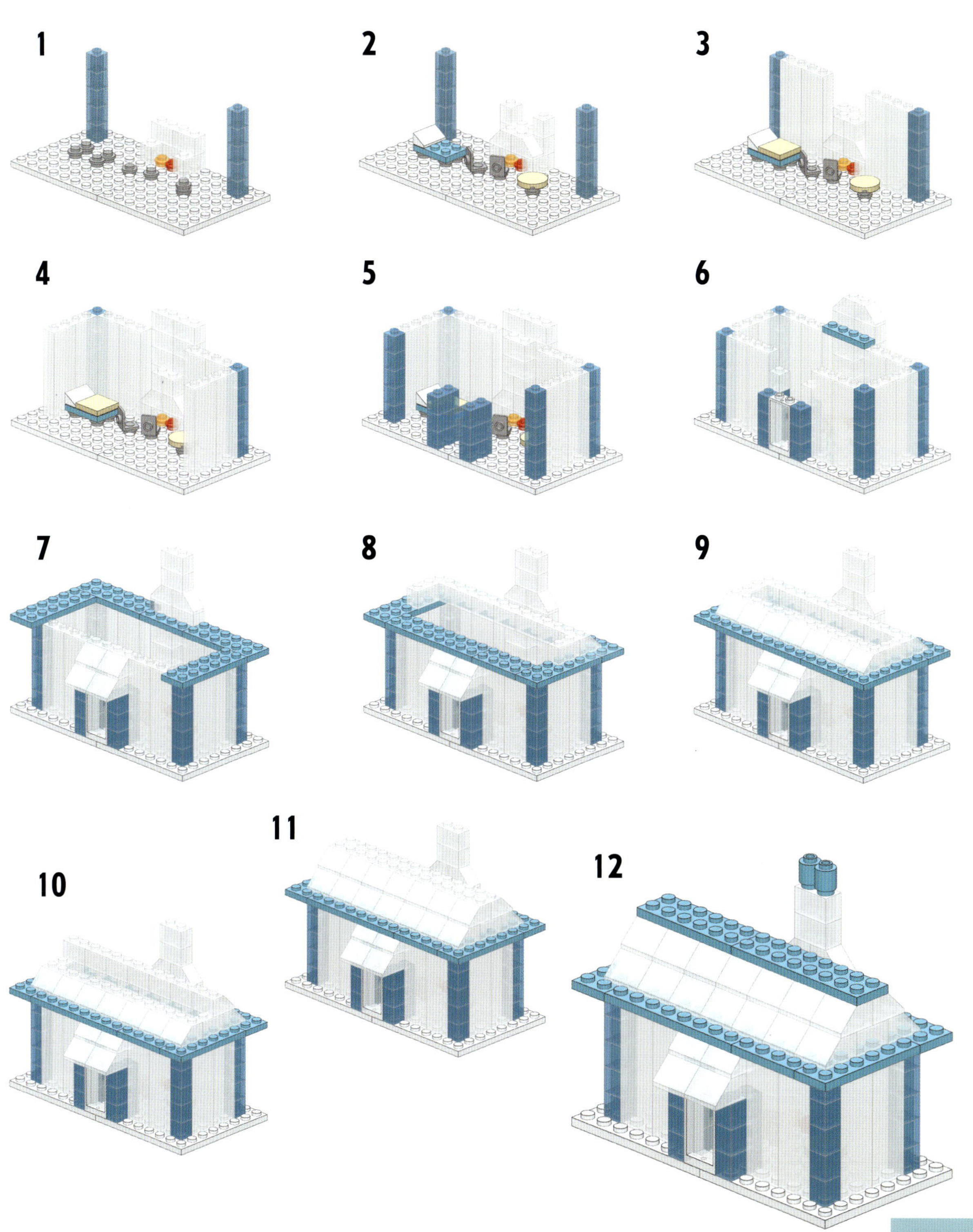

Pilzhaus

Manche Leute glauben, Feen lebten in Pilzen. Und tatsächlich gibt es Märchen, in denen ganze Städte aus kleinen und großen Pilzhäusern bestehen. Für die winzigen Fenster werden zur Seite gedrehte 1-x-1-»Headlight«-Steine verwendet. Noch zauberhafter wird das Pilzhaus, wenn bei den Punkten auf der Kappe runde 1-x-1-Steine zum Einsatz kommen, die im Dunkeln leuchten. Dann heißt es: Licht aus, Pilz an!

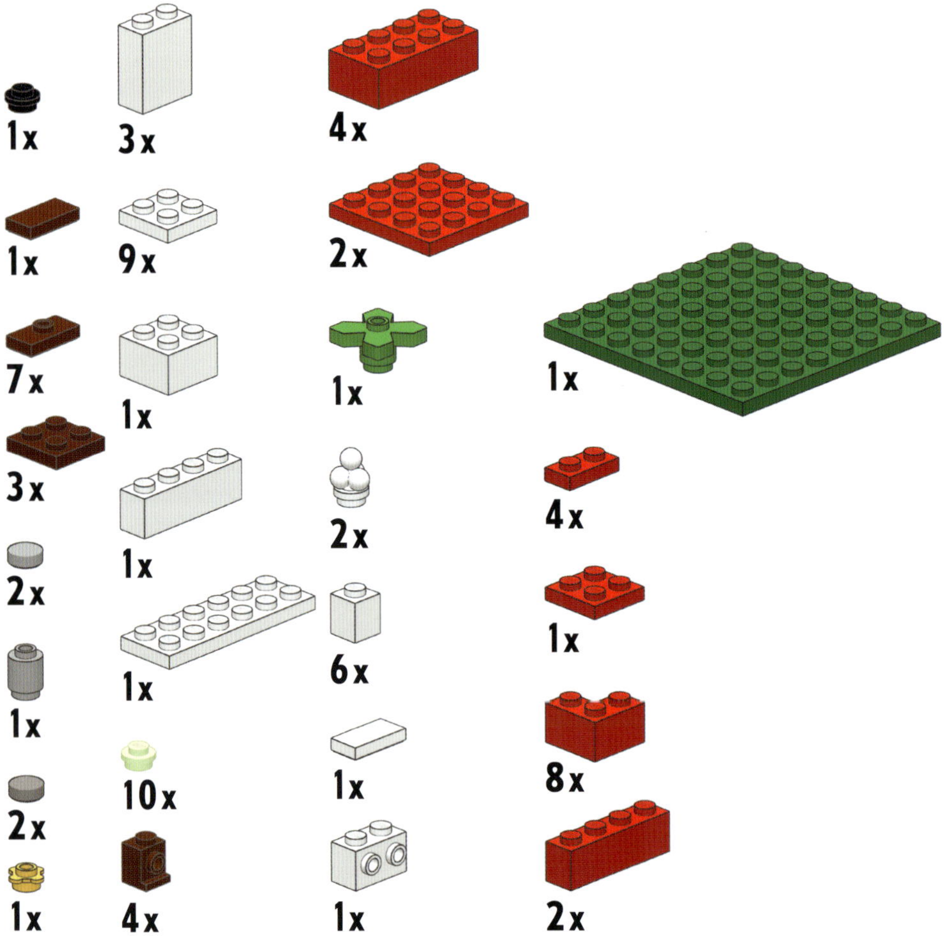

1x
1x
7x
3x
2x
1x
2x
1x

3x
9x
1x
1x
1x
10x
4x

4x
2x
1x
2x
6x
1x
1x

1x
4x
1x
8x
2x

Pilzhaus

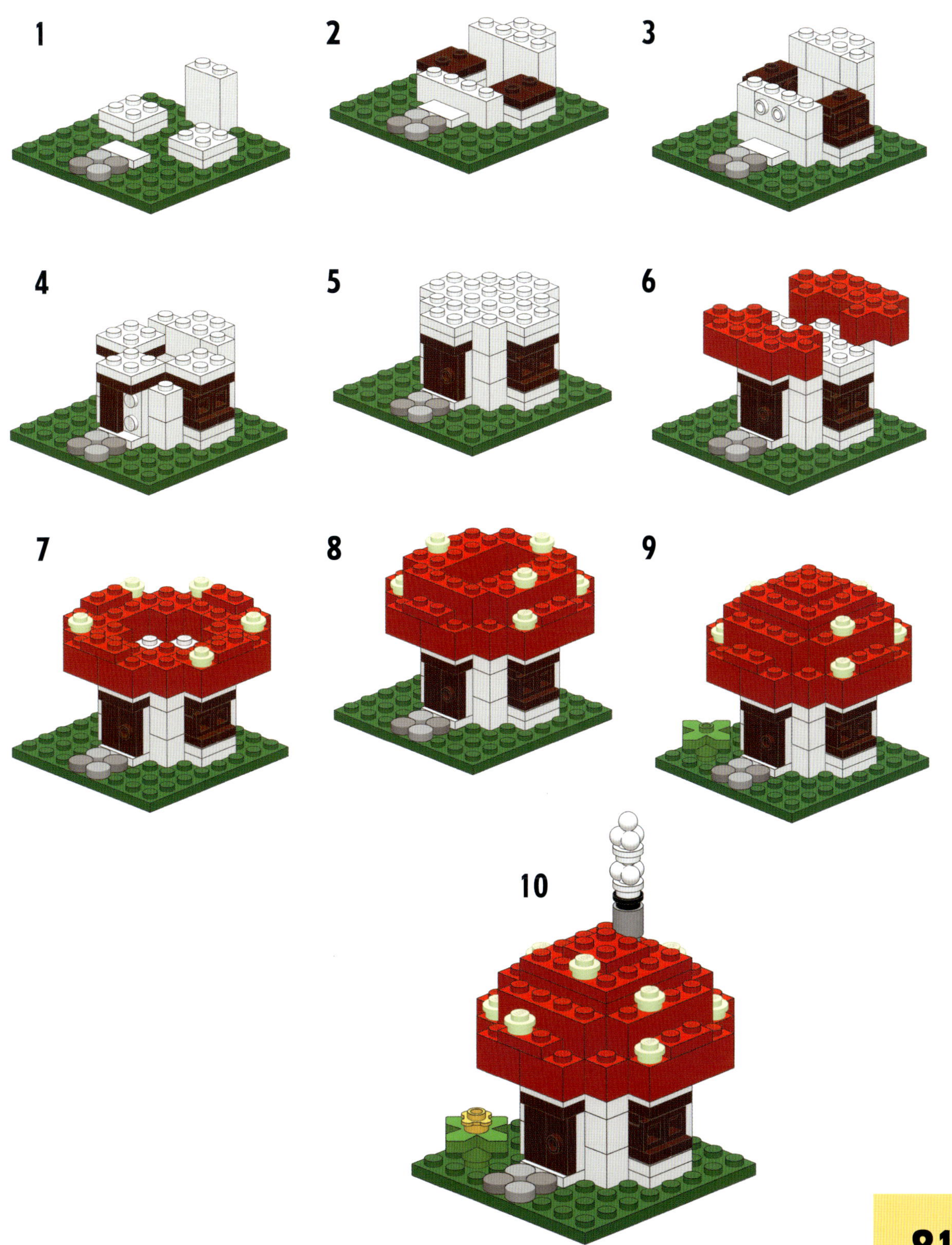

Riesen-muschel

Wäre es nicht schön, auf dem Grund des Meeres zu wohnen? Und was böte sich als Haus dort besser an als eine riesige Muschel? Darin kann man sich in aller Ruhe zurücklehnen und durch die Wohnzimmerfenster die vorbeischwimmenden Fische beobachten. Für die Rundungen der Muschel eignen sich Halbbogensteine ideal.

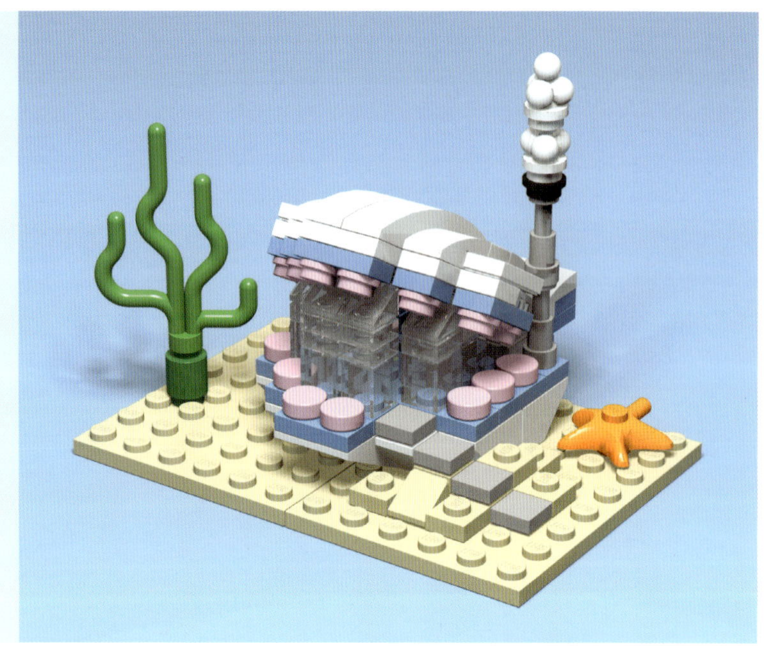

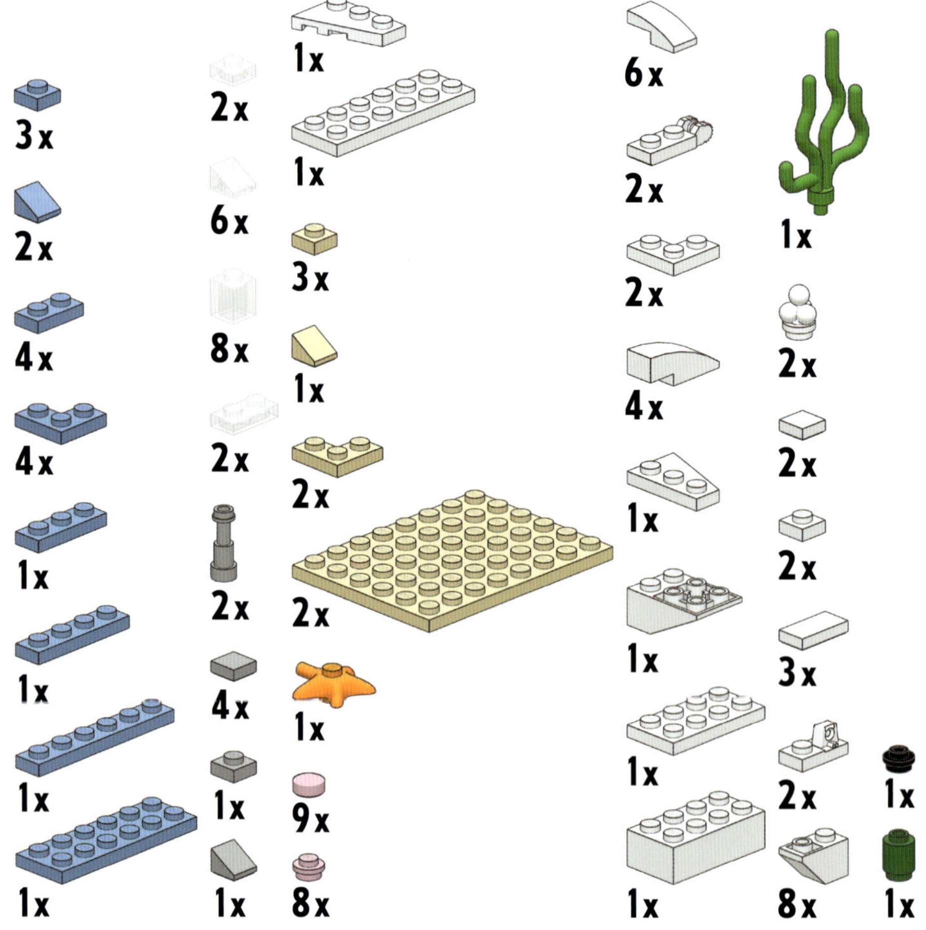

Riesenmuschel

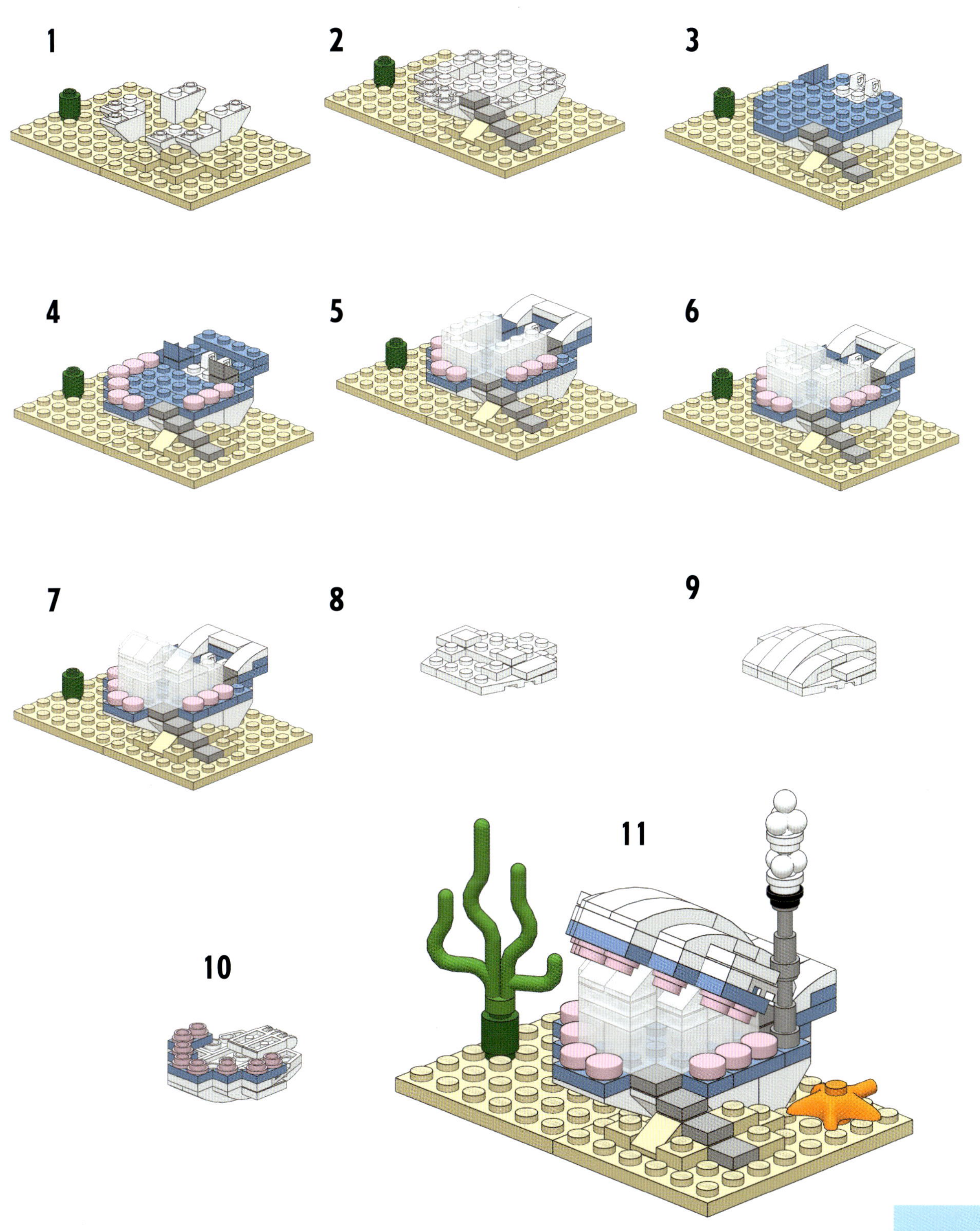

Kürbishaus

Wenn Cinderellas gute Fee einen Kürbis in eine Kutsche verwandeln konnte, warum du dann nicht auch in ein Haus? Wer in einem Kürbis wohnt, hat unter Umständen viel Platz, denn Kürbisse gehören zu den größten Früchten, die es gibt. Für die Rundungen bieten sich seitlich befestigte 1-x-1-Schrägsteine an.

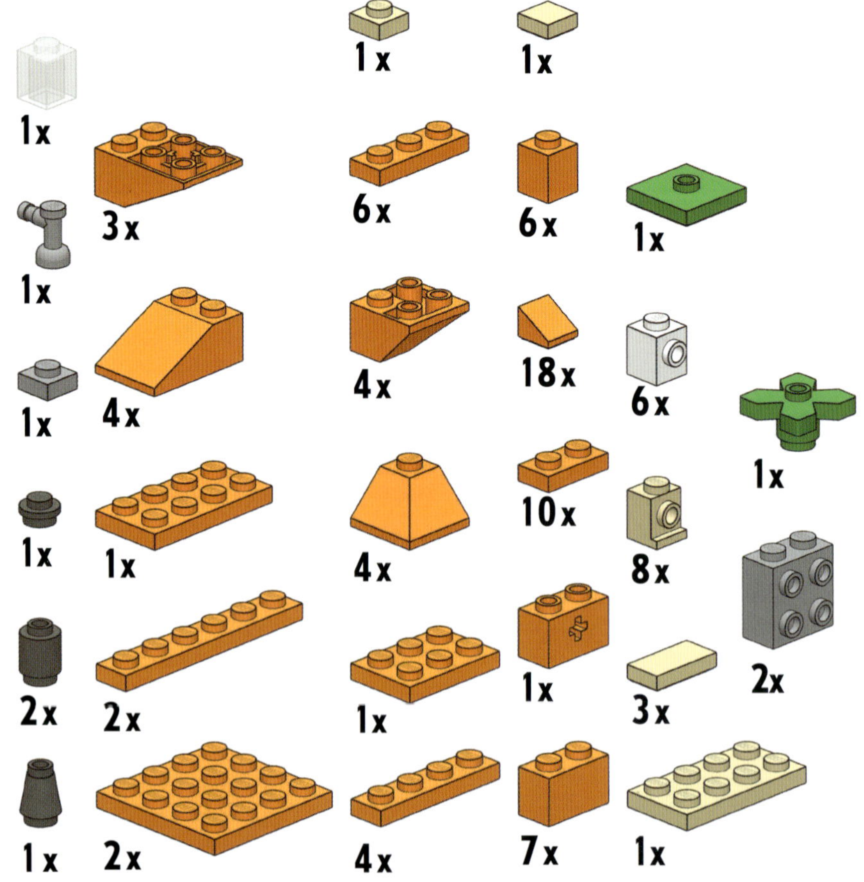

Kürbishaus

1

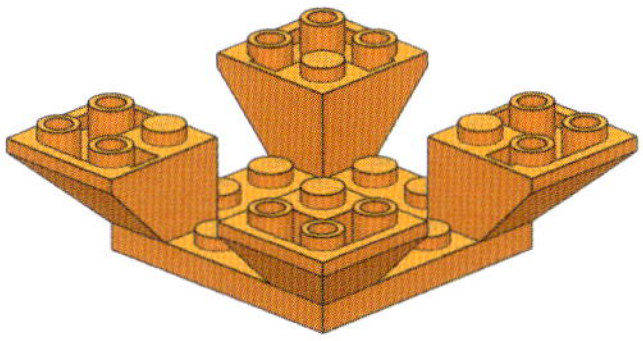

2

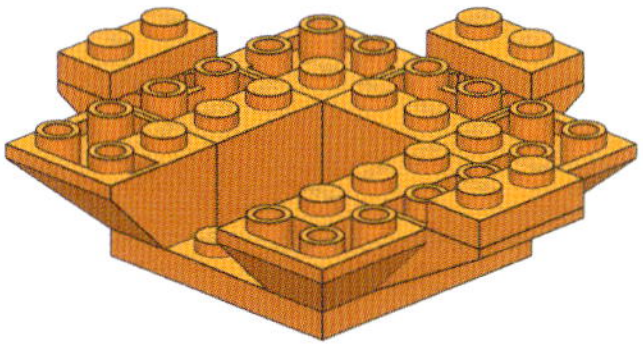

3

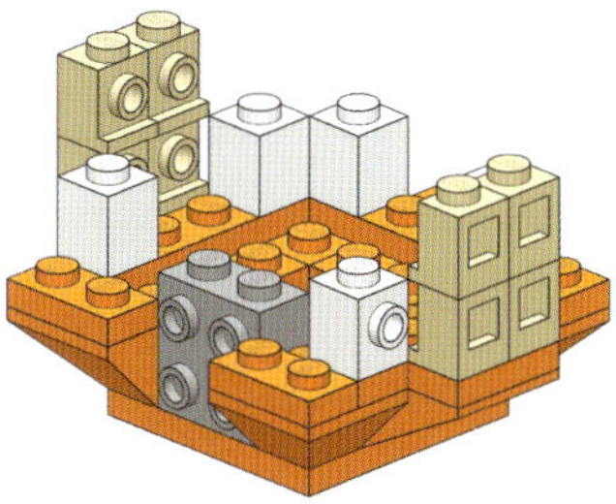

4

5

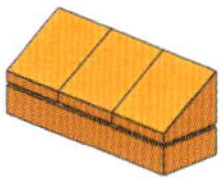

(davon 6 Stück anfertigen)

6

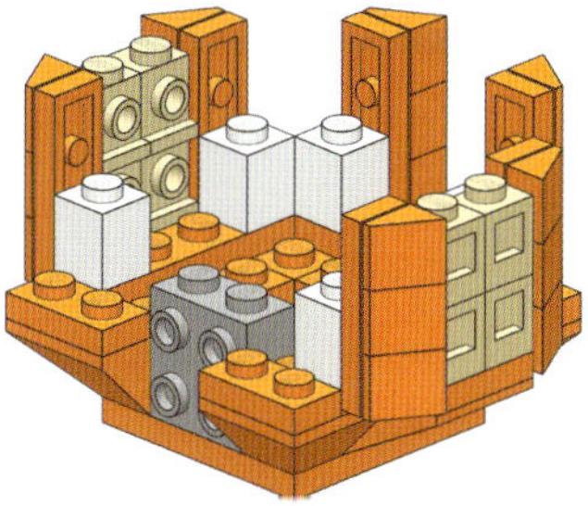

7

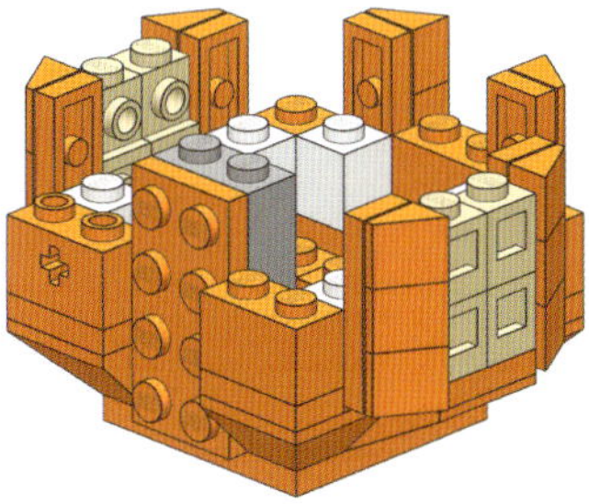

8

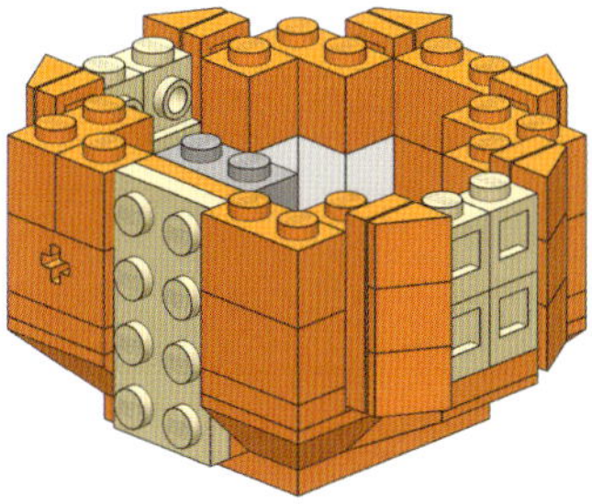

9

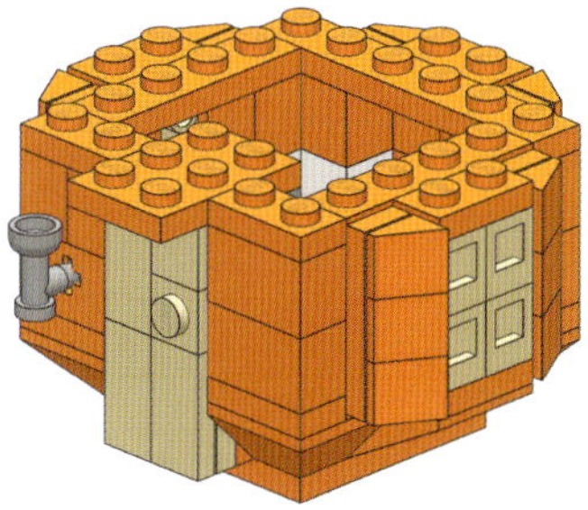

10

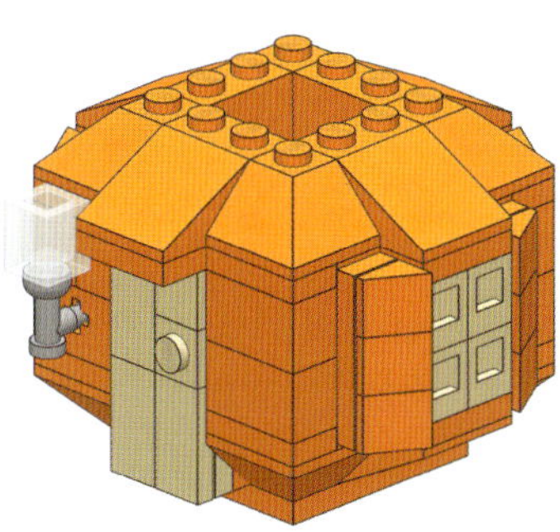

11

Vulkanhaus

Manche Wissenschaftler leben in der Nähe aktiver Vulkane, damit sie deren seismische Tätigkeiten überwachen und aufzeichnen können. So hoffen sie, mehr über Vulkane herauszufinden und das Frühwarnsystem verbessern zu können. Denn in der Nähe von Vulkanen ist es nicht nur ziemlich heiß, sondern auch gefährlich. Die transparenten orangefarbenen Schrägsteine und Fliesen erwecken den Eindruck rot glühender Lava, die an und unter dem Haus vorbeifließt.

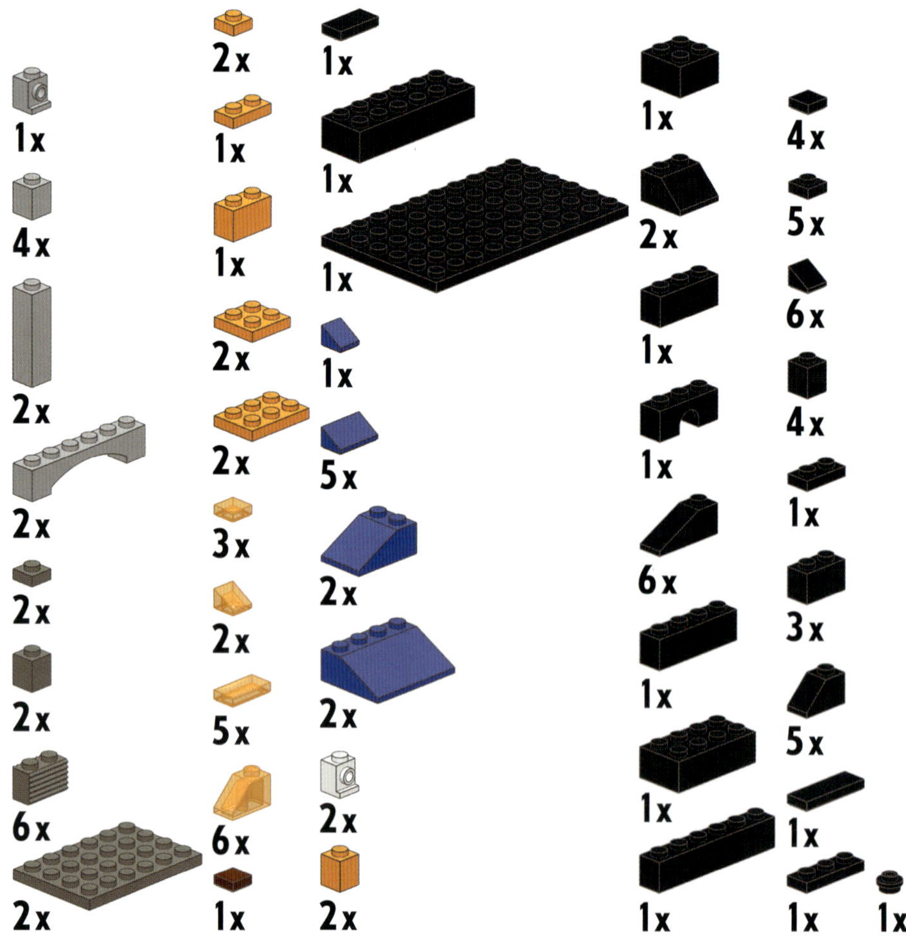

Vulkanhaus

1

2

3

4

5

6

7

8

9

10

11

12

Windmühle

Windmühlen machen sich die Windkraft zunutze, die die riesigen Windmühlenflügel antreibt. Es gab sie viele Jahrhunderte lang; in ihnen wohnte und arbeitete der Müller. Im Laufe der Zeit dienten sie vielen Zwecken, vom Mahlen des Getreides bis zum Entwässern von Land. Heute gibt es Windkraftanlagen, die Strom erzeugen. Die Flügel dieser Windmühle bestehen aus Zäunen. Durch eine drehbare 2-x-2-Platte auf dem Sockel kann sich die Mühle in den Wind drehen.

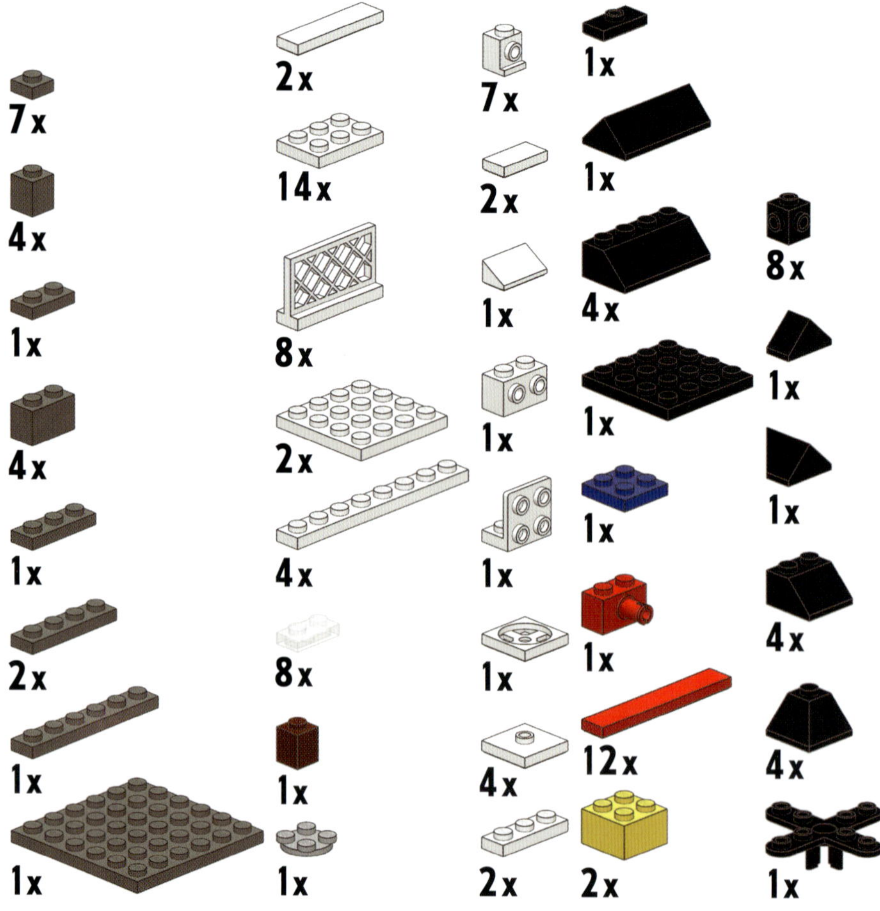

Windmühle

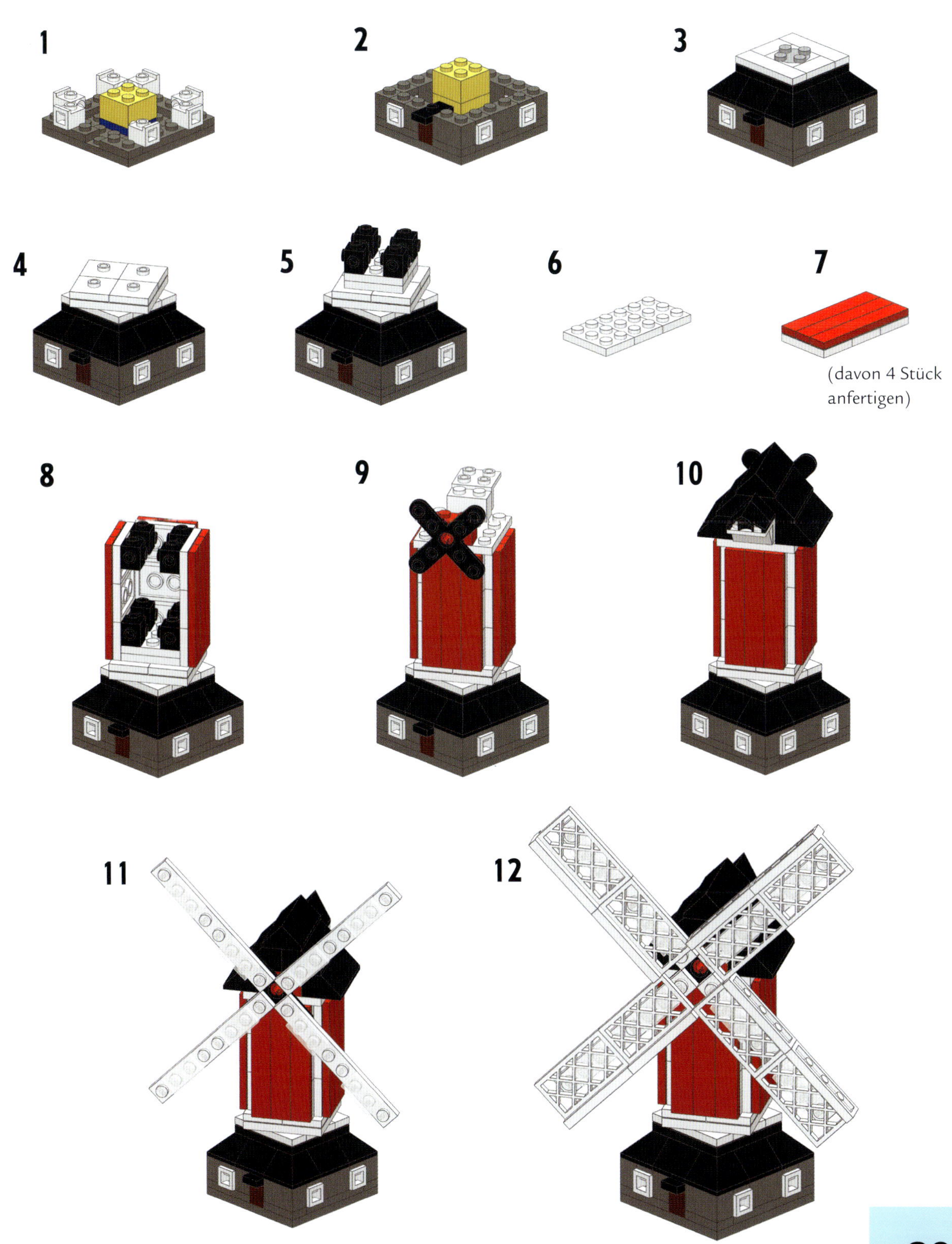

Baumhaus

Baumhäuser sind in vielen Gärten zu finden. Meist schmiegen sich nur einige Bretter in eine Astgabel; Baumhäuser können aber auch so groß sein, dass man tatsächlich in ihnen wohnen kann. Im Regenwald etwa wohnen die Menschen manchmal in den Bäumen, um Gefahren, die am Boden lauern, zu entgehen. Sie nehmen sogar ihre Haustiere mit dorthin. Die 2-x-2-x-3-Schrägsteine bilden die solide Basis dieses Baumhauses. Die Holztäfelung besteht aus Fliesen an »Headlight«-Steinen.

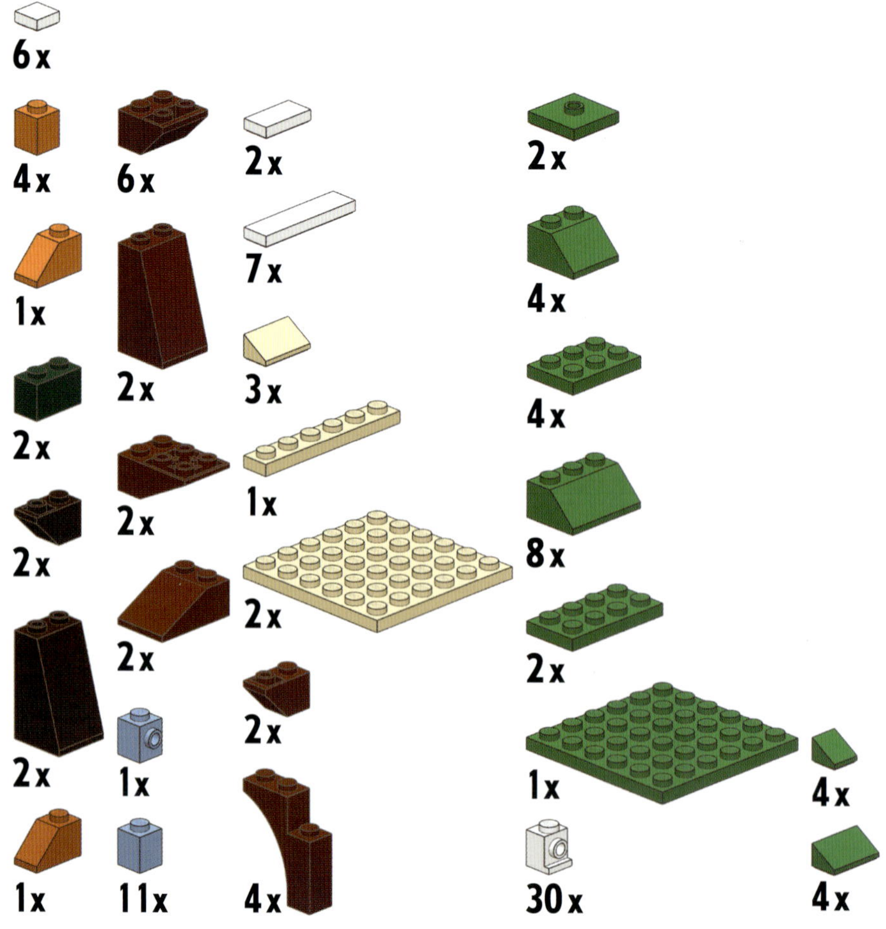

Baumhaus

1

2

3

4

5

6

7

8

9

10

11

12

Erdhaus

Seit der Steinzeit haben die Menschen in unterirdischen Höhlen Schutz gesucht – manchmal vor der Hitze, manchmal aber auch vor der Kälte. Die unterschiedlichen Beige-, Dunkelorange- und rötlichen Brauntöne ahmen die verschiedenen Erdschichten nach, 1-x-1-Rundsteine mit rötlich-brauner Lichtschwertklinge stellen die Baumwurzeln unter der Erde dar.

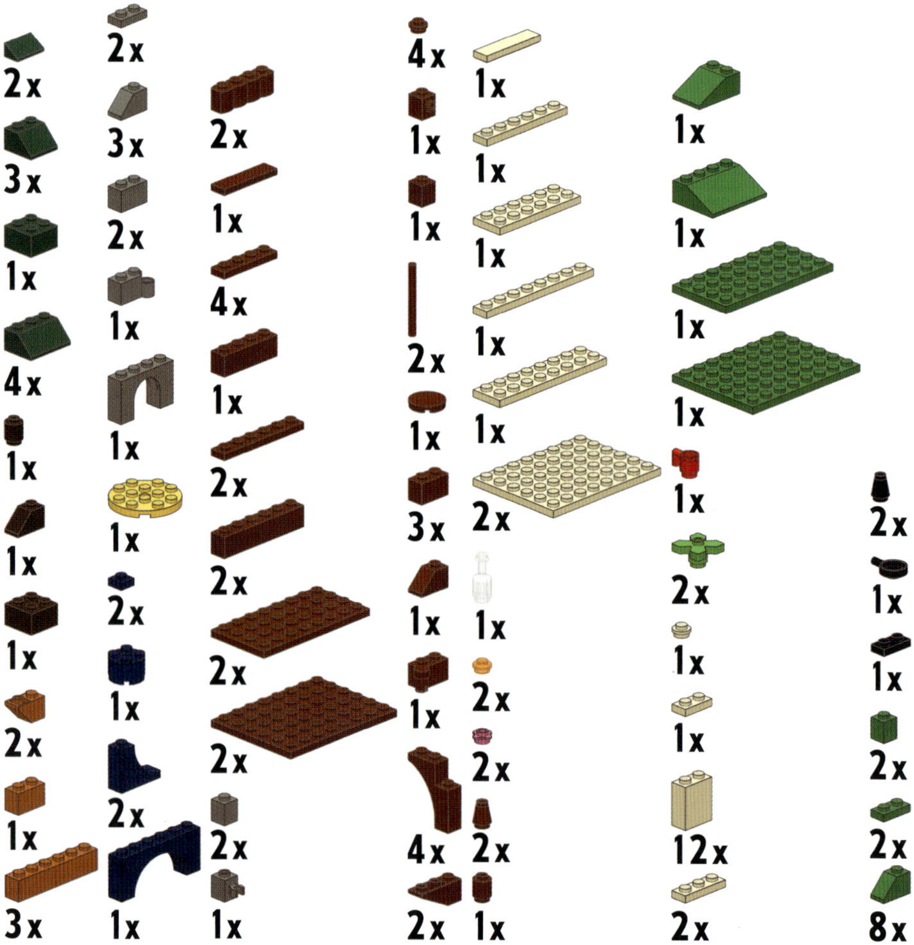

2x 3x 1x 4x 1x 1x 1x 2x 1x 3x

2x 3x 2x 1x 1x 1x 2x 1x 2x 1x

2x 1x 4x 1x 2x 2x 2x 2x 2x 1x

4x 1x 1x 2x 1x 3x 1x 1x 4x 2x

1x 1x 1x 1x 1x 2x 1x 2x 2x 2x 1x

1x 1x 1x 1x 1x 2x 1x 1x 12x 2x

2x 1x 1x 2x 2x 8x

Erdhaus

1

2

3

4

5

6

7

8

9

11

12

10

Eispalast

Eisschlösser gibt es nicht nur im Märchen. In Kanada oder Schweden etwa wurden schon ganze Hotels vollständig aus Eis erbaut. Sie schmelzen, wenn es wärmer wird, und müssen Jahr für Jahr neu errichtet werden. Die Mischung aus transparenten weißen und hellblauen Steinen verleiht diesem Eisschloss sein kühles Äußeres. Der Haupteingang besteht aus transparenten hellblauen, auf die Seite gedrehten 1-x-1-Schrägsteinen und weiß-transparenten »Headlight«-Steinen.

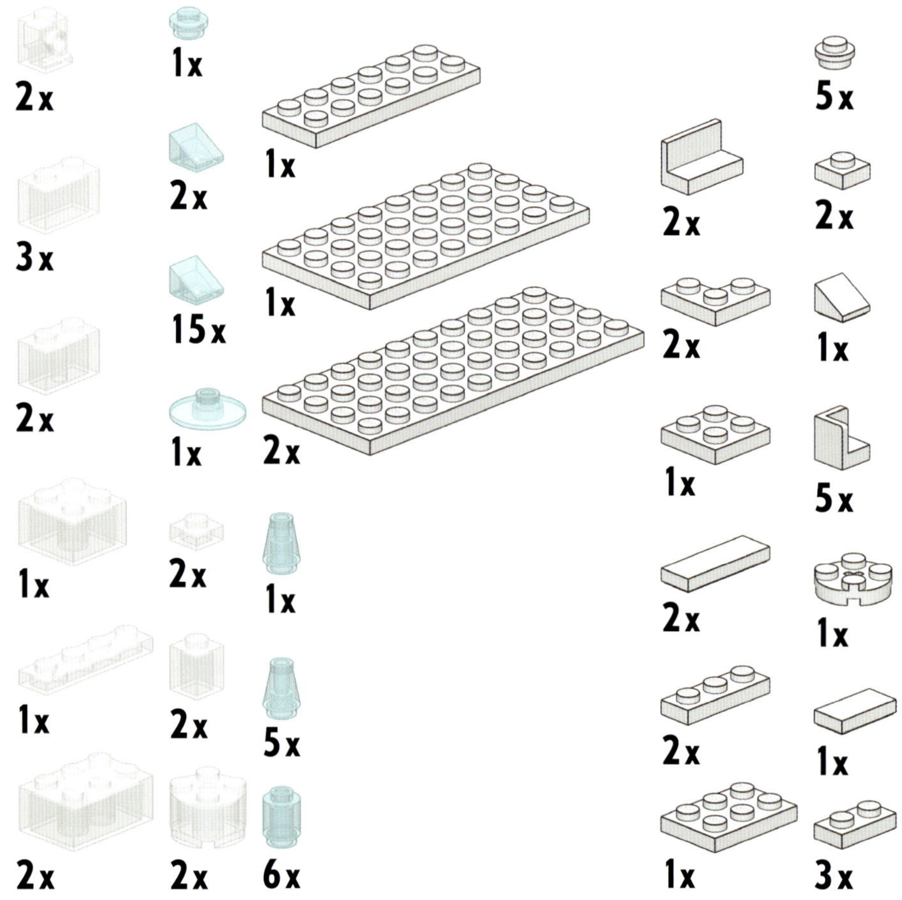

Eispalast

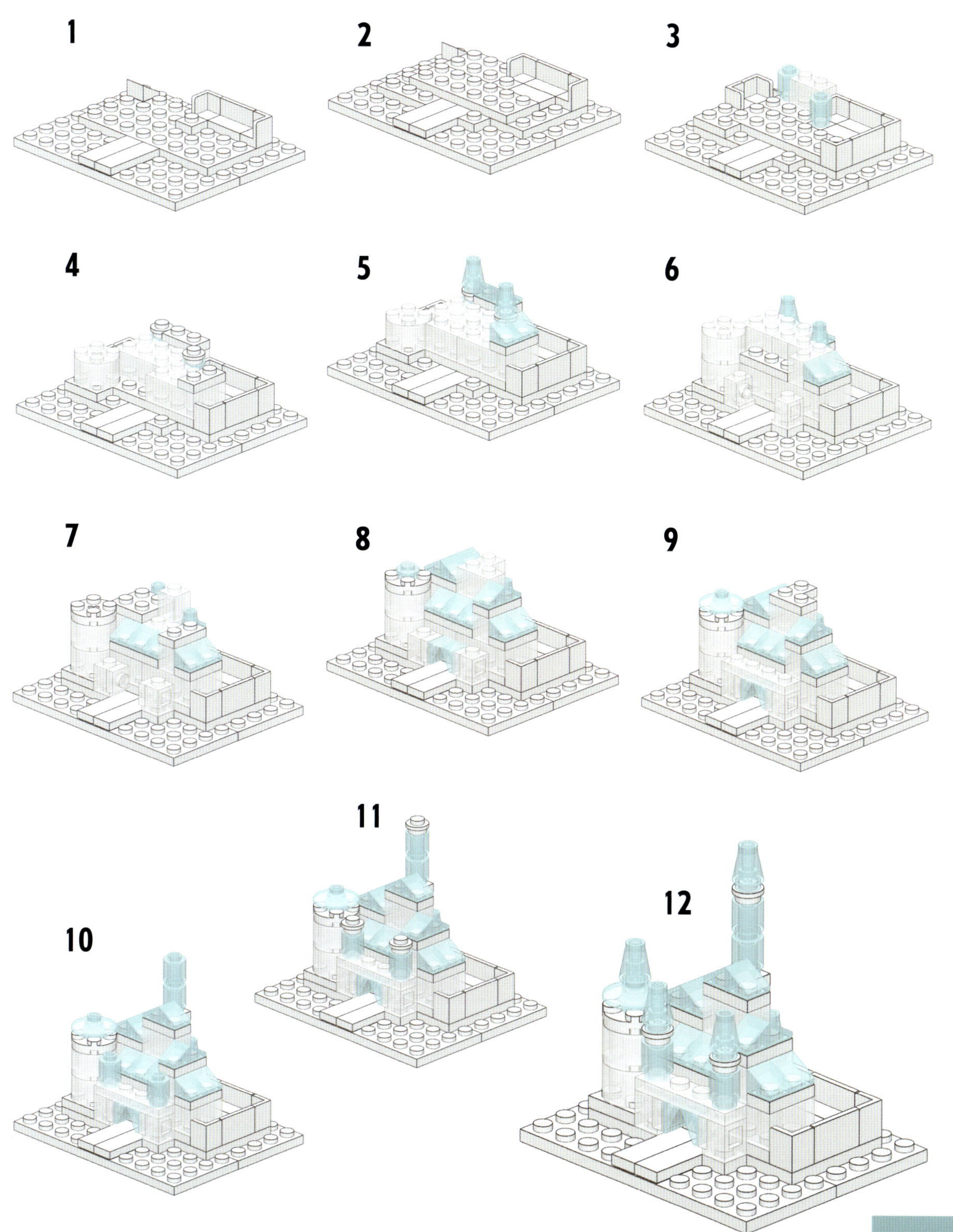

Über die Autoren

Kevin Hall ist Mitgründer der Brick Galleria – die Firma entwirft neue LEGO®-Modelle und veranstaltet Events rund um die bunten Steine – sowie professioneller LEGO-Künstler. Er entwickelt und baut die LEGO-Modelle für andere Firmen, Werbekampagnen und Sammler. Er ist seit 2000 Teil der internationalen LEGO-Community und designt auch gesondert angefertigte Figuren, Sets und Grafiken für Veranstaltungen weltweit. Seine Modelle sind durch TV-Spots, Spielzeugmessen, Ausstellungen, Printmedien und Themenparks bekannt geworden, sogar staatliche Organisationen haben sich ihrer schon bedient. Vor Kurzem hat er sich auch der Schriftstellerei zugewandt; seine Arbeiten erschienen u. a. in dem offiziellen LEGO-Buch »365 Things to Do with LEGO Bricks«, das in der Kategorie »Bestes Buch« den britischen Creative Play Award 2016 gewonnen hat. Darüber hinaus organisiert und leitet er LEGO-Workshops für Kinder und Firmen. Bevor er professioneller LEGO-Künstler wurde, war Kevin drei Jahrzehnte lang in der Werbebranche tätig.

Brenda Tsang ist ebenfalls Mitgründerin der Brick Galleria. Davor kreierte und vermarktete sie 15 Jahre lang Produkte für international bekannte Unterhaltungsmarken. Sie hat eine Leidenschaft für innovative Funktionalität, ästhetischen Anspruch und Außergewöhnlichkeit, die sich von der Masse abhebt. Sie hat sich auf Landschaftskunst und Raumdesign spezialisiert, mit denen sie die Events der Brick Galleria bereichert. Brenda hat an der Entwicklung der Modelle in diesem Buch mitgearbeitet und u. a. an der Auswahl der LEGO-Steine für die feineren Details mitgewirkt.